Mário de Andrade
Portuguesa →
2010 a 2014
p/ presidente.
Ouro e a Magia
a magia
O ouro e Magia coexistem
asfalto
As viagens dos emigrantes
O ouro venceu a Magia
1º vinil — João Gilberto
Caetano Veloso
Chico Buarque
leva para dentro e leva para fora
chegada ao mundo de água

Este livro foi revisado segundo o Acordo Ortográfico da Língua Portuguesa de 1990, em vigor no Brasil desde 2009.

Todos os esforços foram feitos para creditarmos corretamente as fotografias que integram este livro. A ausência de dados, sobretudo no que se refere à identificação de fotógrafos, deve-se principalmente à limitação de informações disponíveis em acervos de divulgação.

A editora Bazar do Tempo, diante de eventual imprecisão ou ausência de créditos, se compromete a acrescentar em edições futuras novos dados que porventura sejam informados e garante o respeito e a proteção dos direitos autorais e conexos.

BAZAR DO TEMPO
Bazar do Tempo Produções e Empreendimentos Culturais Ltda.
Rua José Roberto Macedo Soares, 12/sala 301
Gávea 22470.100 Rio de Janeiro RJ
contato@bazardotempo.com.br
www.bazardotempo.com.br

Sobre a autora
Simone Raitzik é jornalista especializada em arquitetura, design e decoração. Trabalhou nas redações de *O Globo*, *Jornal do Brasil* e, há mais de 15 anos, colabora para as principais revistas desse segmento no Brasil, como *Casa Claudia*, *Arquitetura & Construção* e *Casa Claudia Luxo*. É editora da revista online *NaToca*, voltada para produção e divulgação de ambientes lúdicos.

Edição
Ana Cecilia Impellizieri Martins

Idealização e textos
Simone Raitzik

Coordenação editorial
Maria de Andrade

Curadoria de Projetos
Simone Raitzik
Marina Piquet

Pesquisa
Marina Piquet

Pesquisa iconográfica
Marina Piquet
Mariana Travassos
Camila Campos

Projeto gráfico
Ana Carneiro
Paula Delecave
Rara Dias

Copidesque
Elisabeth Lissovsky

Revisão
Luiz Coelho

Reprodução fotográfica
Cesar Barreto

Tratamento de imagens
Cesar Barreto
Gabi Carrera

Impressão
Ipsis

Este livro contém vídeos codificados em QR Codes. Para acessar o conteúdo é preciso instalar o aplicativo de leitura do código em seu celular.

patrocínio

GRUPO ARPOADOR · IPANEMA INN · ALCANCE CONSTRUTORA · deca · arquivo contemporâneo · SHOULDER · SHOPPING LEBLON · CULTURA+ DIVERSIDADE · RIO PREFEITURA

Fotografia
Na ausência de título *vida*, *obra* e/ou *folder* antecedendo a numeração, as páginas referem-se à parte obra.

André Nazareth (vida: p. 34, 35, 51, 57-61, 70, 71, 83, 84, 88 | obra: p. 16, 20, 21, 196-200, 234-241)
Anna Kahn (p. 90-93, 174, 176 e 177)
Arthur Magalhães (p. 24-26 e 175)
David Zoega (p. 64-67)
Demian Jacob (vida: p. 89 e 91-94)
Dhani Borges (p. 86-89, 131-135)
Edu Castello (p. 246 e 247)
Eduardo Camara & Araci Queiroz / LT.9 (p. 124-127)
Elisa Mendes (p. 62, 63, 76, 78-80, 146, 148, 149, 157, 160, 223 e 225-231)
Fabio Fernandez (p. 166, 168-171, 188-193)
Graziela Widman (p. 185 e 207)
Gustavo Melgar (p. 213)
Isen Zappa (p. 45)
Leo Aversa (vida: p. 1, 3 e 64-67 | obra: p. 249 e abertura folder)
Leonardo Costa (p. 214 e 215)
Marcos Bravo (vida: p. 56 | obra: p. 13, 15, 19, 27, 29, 34, 36-39, 42, 43, 46-49, 58-61, 70-75, 98, 99, 106, 113-115, 117, 150, 152-155, 158, 159, 161, 178, 179, 208, 209 e 244)
Maurício Arruda (p. 28)
MCA (p. 40 e 41)
Pedro Meyer (p. 18, 108-111, 118-121 e 151)
Raul Aragão (p. 201)
Rodrigo Picorelli (vida: p. 90 e 91)
Selmy Yassuda (p. 136-141)
Sofie Latour (vida: p. 89)
Sophia Eham (p. 242 e 243)

Arquivo pessoal Bel e Bob (vida: p. 8-33, 36-44, 46-48, 52-55, 62, 63, 68, 69, 72-77 e 82 | obra: 14, 21, 28, 35, 72, 107, 115, 116, 149, 205, 210, 211, 216, 217 e folder)

Fotos de Divulgação (vida: p. 50, 85-87 | obra: p. 32, 33, 52-57, 78-81, 112, 142, 143, 162-165, 208-211, 213 e 224-231)

Agradecimentos
Adriana Alves, André Nazareth, Flavia Pardini, Leonardo Pazzini, Marcos Bravo, MCA Estúdio, Monique Majtlis, Sergio Pessoa, Revista Casa & Jardim, Bruno Ventura e a equipe da Disarme Gráfico. **Editora e equipe**

Ruben, Tom e Paulo pelas leituras, paciência, carinho e incentivo. Frida Raitzik, por estar sempre por perto. André Nazareth, pelo olhar e parceria. **Simone Raitzik**

Ana Tereza, Ayla, Fabio, Fernanda Carvalho, João Neri, Lecy, Lola, Marcela, Mariana Travassos, Nathalia, Severo, Stephanie, Alessandro, Alice, Amanda, Alice Tepedino, Ana Lucia, Ana Luiza, André, Branca, Antonio Pedro Doca, Bruna, Camila Campos, Camila Pagoto, Camila Urbanetto, Carla Dutra, Carlos Fernando, Carol Baltar, Clarissa Paes, Clarisse Palmeira, Claudia Mendes, Danielle Ferreira, Danielle Fernandes, Fabiano Bulhões, Fernanda Mota, Fernanda Richard, Fernando, Giovana, Isabela, Jesus, João Marcelo, Juliana Neves, Jussanã, Leonardo, Lila, Luisa, Marcos Bravo, Marina Piquet, Neide, Olga, Patyfon, Patricia Gava, Tiça, Paula, Paula Daemon, Raquel, Renato, Ronaldo, Rossana, Sergio, Vanessa, Tati, Joana Hardy, Tatiana Gonçalves, Tassia, Antonio Neri, Carol Lopez, Arthur Magalhães, Dex Magalhães, Priscila Bellas, Thiago Almeida, Marcelo Spina, Moita, Eduardo Moreno, Jatil, Jader, Romeu, Milton & Carmindo, Roberto, Zauri, Zacarias, João Claudio, João Sarti, Eduardo Artfer, Robson, Daniel Ultra, Dorival, Clecio, Jony, Nedson, Fabio Rodrigo, Rafael Serradura, Monica Lobo, Maneco Q., Davison, Stephano, Oswaldo Gelli, Rose, Hermes, Jacques Simão, Marília Martins, Ivonesyo, Claudemir, Olympio, Paulo, Cleyton, João Meirelles, Lelê, Peninha, Jorge Cavaliere, Ricardo Bronzeiro, Entre outros tantos parceiros e amigos que, de alguma forma, fizeram esse livro. **Bel e Bob**

"Ciça, Simone, Maria, Ana, Paula, Rara e Marina,

É impressionante como mimicamos no livro nosso processo de trabalho; sempre tentando melhorar ou resolver algo que ainda incomoda ou faz falta. Agradecemos muito a paciência e capricho de todos vocês nesse trabalho, que mexeu e remexeu tanto em nossas vidas. Valeu!"
Bob e Bel

R161b

Raitzik, Simone.
Bel Lobo e Bob Neri: vida é obra / Simone Raitzik. – Rio de Janeiro (RJ): Bazar do Tempo, 2018.

ISBN 978-85-69924-34-0

1. Arquitetura. 2. Decoração e ornamento (Arquitetura). 3.Decoração de interiores. 4. Lobo, Bel. 5. Neri, Bob. I. Título.

CDD 747

Elaborado por Maurício Amormino Júnior – CRB6/2422

Wagenbach

Heinz Berggruen
Guggenheim
Hanser

onde tudo começou
12 richards

parcerias que dizem sim
24 salinas
30 loungerie
36 bb básico
40 zuka e brigite's
44 zibba
46 maria filó

negócios em família
52 ipanema inn
58 shoulder
64 pop-up store

juntos venderemos
70 schutz
76 arezzo
80 anacapri
82 fiever

feito à mão
86 bibi sucos
90 stravaganze pizzaria
94 mr. cat
98 tidelli
100 pipo

arte por toda parte
106 farm
118 h.stern
122 om.art
124 arquivo contemporâneo

entre tempos
130 casa camolese
136 fazenda bananal
142 livraria das marés

por uma arquitetura invisível
146 livraria da travessa
154 phebo e nº dez
158 besi
162 coca-cola
166 fazenda culinária

os clássicos
174 bazzar
178 cacau noir

começo, meio e fim
182 quem disse, berenice?
186 bob's
188 o boticário

entre sem bater
196 biblioteca parque

efêmeros
204 artefacto
206 estande zahar
207 estande livraria da travessa
208 cenários
214 casa cor | espaço deca
216 casa cor | fumoir
217 casa cor | sala de leitura
218 casa cor | café

ao vivo e a cores
222 decora e lá fora

a casa lar
234 apartamento de bel e bob
240 apartamento de marcelo gorin
242 apartamento de helinho
244 apartamento de eucanaã e graça
246 casa da manu
248 casa da mangueira

Bel e Bob nunca foram para as feiras de design de Milão, não consomem revistas de decoração, nem vão atrás de tendências no Pinterest.

O que os inspira?

Teatro, cenografia, canto, literatura, poesia, arte e natureza: essa é a base que alimenta e transborda na arquitetura e na linguagem estética da dupla.

Reunidos aqui estão alguns projetos que traduzem um pouco essa trajetória. A ideia foi agrupar por histórias, temas: investigar a essência de cada um, revelando os bastidores, a inspiração, o que deu certo e o que surpreendeu.

Em suma, este é um guia para conhecer e decifrar a obra de Bel e Bob.

onde tudo começou

richards

Em 1974, depois de passar uma temporada em Marselha, no sul da França, Ricardo Ferreira chegou ao Brasil cheio de ideias. Resolveu criar uma moda de qualidade, voltada para um homem esportista, antenado, com alma carioca, que sabia apreciar as coisas boas da vida e traduzia fielmente o mantra que o inspirava: "Ser é mais importante que ter." Nascia, assim, o conceito da Richards, com um estilo que unia a *recherche du plaisir* típica do Mediterrâneo à descontração do Arpoador – "um sabor de férias no cotidiano", como ele próprio definia.

Treze anos depois, em 1987, sua marca já era uma potência, e Ricardo, sempre à frente do negócio, resolveu contratar

Shopping JK, São Paulo

RICHARDS

alguém que pudesse acompanhar de perto os projetos das lojas que se espalhavam pelo país. O nome de Bel, na época recém-formada em arquitetura, foi sugerido por Veronica Hammers. Ambas tinham sido vendedoras no Barra Shopping. Recentemente promovida para integrar a equipe de estilo, Veronica lembrou da jovem Bel, estudante de arquitetura, que gostava de arrumar os móveis e a iluminação da loja. Ricardo aprovou a sugestão.

Em 1988, logo após o nascimento do filho João, Bob assumiu o lugar de Bel à frente da arquitetura e ambientação das lojas da marca. E chegou para ficar. Nos quase trinta anos de parceria, a marca e as lojas se transformaram. De um ambiente sóbrio, que buscava transmitir credibilidade por meio de materiais nobres como mármore e mogno, passou a adotar um visual mais descontraído, apostando em um espírito de férias no cotidiano a partir de texturas naturais como sisal, linho e madeiras lavadas. Para criar essa atmosfera leve era importante contar com objetos que remetessem a bons

Alto à esq., Shopping Rio Sul, Rio de Janeiro e Shopping Iguatemi, São Paulo

Alto à dir., Shopping Higienópolis, São Paulo

À dir., detalhe da Selaria Richards, Shopping Cidade Jardim, São Paulo

"Ricardo era a personificação do homem Richards, e isso facilitava nosso entendimento da marca e a conceituação dos espaços. Ele viajava de bicicleta pelo mundo, foi campeão de pesca submarina, sempre teve barco. Começamos a usar esses itens – que faziam parte do seu universo – na decoração das lojas: barcos a remo antigos, maquetes de navios, malas, globos, enfim, coleções de objetos ligados a esse contexto." Bob

Página seguinte, Village Mall, Rio de Janeiro

momentos, como hobbies e viagens. O clima era relaxante, com direito a uma sala de estar confortável, sofá forrado de linho, tapete de fibra natural, mesa de centro rústica, em madeira maciça. Tudo para o cliente se sentir à vontade. Comprar era uma consequência.

Foi assim que Bob passou a garimpar, em feirinhas e lojas de antiguidades no mundo inteiro, os objetos que iriam compor as novas lojas da marca. O que começou como trabalho se transformou em um interesse genuíno por peças com personalidade, levando à montagem de um grande acervo pessoal, com muitos itens curiosos.

Alto, Shopping Leblon, Rio de Janeiro

Acima, Rio Design Barra, Rio de Janeiro

"Virou um caso sério. No Rio ou viajando, eu costumava acordar de madrugada para ir aos mercados de pulgas atrás dos melhores achados. Hoje, essa 'compulsão' por colecionismo está mais adormecida, até por uma questão de falta de espaço!", comenta Bob, refletindo sobre o que esses quase trinta anos de Richards representaram para a sua trajetória profissional.

Hoje, com mais de duzentos projetos espalhados pelo Brasil e por outros cantos do mundo, a marca é reconhecida por vender não apenas peças de vestuário, mas um estilo descontraído e sofisticado de de ser e viver.

"Para mim, a experiência na Richards foi como uma escola de varejo. Na verdade, mais do que isso, uma formação completa em *branding*, antes mesmo de se falar em *branding*. Entendi como desenvolver o conceito de uma marca e como ela deve ser coerente com a fantasia proposta ao consumidor." Bob

Alto à esq., Shopping Cidade Jardim, São Paulo

Alto à dir., Américas Shopping, Rio de Janeiro

Clientes e amigos: bate-papo com Ricardo Ferreira

THE HISTORY OF SURFING

"Conheci Bel e Bob na Richards, na década de 1980, época em que estávamos idealizando um sonho. O sonho de que uma loja poderia ser uma experiência fabulosa, de que deveríamos representar um estilo de vida informal, requintado e verdadeiro. Era uma época romântica. Sonhávamos em construir uma atmosfera que afastasse as pessoas da correria do dia a dia e as conduzisse a um mundo de sensações, admirações e romances. Intuitivamente, sabíamos que os clientes escolheriam ambientes que combinassem com o seu estilo de vida e representassem experiências desejáveis. O tempo provou que estávamos certos. Num mercado de roupas cada vez mais saturado, nós nos diferenciamos por oferecer lojas ricas em emoções."

Ricardo Ferreira

Village Mall, Rio de Janeiro

parcerias que dizem sim

salinas

Os biquínis criados por Jacqueline e Tunico de Biase já faziam sucesso nas praias do Rio quando a parceria da Salinas com Bel e Bob começou, em 1996. A grife de moda praia, que tinha até então apenas uma loja, em Ipanema, estava prestes a abrir seu segundo ponto e buscava um projeto que refletisse o jeito leve e colorido da marca. Foram alguns meses de papos e reuniões com a dupla, em um clima descontraído, para arrematar o conceito do espaço. O encontro deu certo: a loja ficou simples e gostosa, com jeito de casa de praia e um visual que reforçou a identidade e o estilo da grife. A ideia foi deixar o ambiente quase todo branco, com uma estrutura no teto que simulava tesouras tingidas de cinza esverdeado. O colorido ficava por conta

dos produtos, que sempre tiveram nos tons vibrantes seu diferencial.

De lá para cá, passaram-se mais de vinte anos, cinquenta lojas e muito papo. E, em todo esse tempo, a relação de colaboração e cumplicidade permaneceu firme. Muitas vezes, a inspiração para um novo projeto era trazida por Jac: uma luminária bacana, uma foto recortada da revista ou clicada em uma viagem. Outras vezes, a definição das

"O Tunico é arquiteto e sabia o que queria. E a Jac é uma supercriadora. Foi um trabalho desenvolvido a muitas mãos."
Bel

cores norteava a estética do espaço, sendo realizadas inúmeras amostras até chegar a um determinado tom.

"Eu adoro a informalidade dos nossos encontros! Lembro que o *brainstorm* para o novo ponto de Ipanema, a loja conceito (*flagship store*) da marca, inaugurada em 2016, foi uma experiência muito prazerosa. Eu, Bel e equipe ficamos todos deitados de pernas para o ar, nos boiões do escritório da be.bo., conversando num astral maravilhoso sobre tudo, menos sobre o projeto em si. Parecia que estávamos na praia! E dali nasceu uma das mais lindas Salinas", diz Jac.

O projeto para a loja de Ipanema aproveitou a verticalidade do imóvel escolhido e foi desenvolvido em vários níveis. Logo em uma das primeiras reuniões, para entender a proposta apresentada pela be.bo., Jac fez em casa sozinha uma maquete do espaço para

Detalhes da loja de Ipanema, Rio de Janeiro

Alto, à dir., mesas-cavalete no Shopping Market Place, São Paulo

convencer Tunico da ideia ousada de montar cabanas sobre palafitas para os provadores. O nome do designer Maurício Arruda surgiu quando, em busca de mobiliário para a loja, encontraram uma cadeira de sua autoria, que tinha o clima que queriam para as cabanas. Resolveram então chamá-lo para uma parceria. Jac ligou e ele topou na mesma hora. Um dos desafios nesse projeto foi justamente conciliar elementos mais cenográficos, como coqueiros e cabanas, com cores vibrantes e texturas naturais, para que o resultado ficasse harmônico e equilibrado: nem pop nem naïf demais. Cool, leve e divertido, como um bom ponto de encontro pós-praia deve ser.

Alto, maquete mostrando o provador palafita

Acima, cadeira de Maurício Arruda: inspiração e parceria

À dir., Shopping Leblon, Rio de Janeiro

salinas

loungerie

Em 2009 foi criada uma nova marca de lingerie que pretendia oferecer, em suas lojas, uma experiência intimista de compra. Convidada para desenvolver o projeto da Loungerie, a be.bo. teve como um dos pontos de partida o *branding* desenvolvido por Ana Couto, em que a logomarca remetia a um corselete. Essa imagem foi transformada em estampa para as cortinas, luminárias e almofadas, e o tom escolhido para o ambiente foi o cinza, pontuado por gradações de rosa. A primeira loja, no Morumbi Shopping, em São Paulo, abriu as portas atendendo à expectativa inicial: ser um ambiente contemporâneo e sofisticado.

Perspectiva aquarelada de Ivonesyo Ramos para o projeto inicial

Depois de algum tempo de funcionamento, pesquisas de público revelaram que as clientes descreviam o espaço como elegante, porém sério e impessoal – o que não inspirava sensualidade e diversão. Para promover um redirecionamento da marca e do visual das lojas, a figura feminina e divertida de Paula Barcellos, a dona do negócio, foi a grande inspiração.

"Decidi apostar nas combinações de onça e poá e, quando disse isso para a Bel, ela quase enlouqueceu. Mas eu, com toda a convicção, disparei: 'Você não está entendendo. Para mim, onça é bege! Rosa é nude.' Ela riu muito, ficou preocupada, mas topou mexer no visual das lojas", lembra Paula.

O cliente tem (quase!) sempre razão é um dos motes da be.bo., mas por vezes não é fácil chegar a um acordo. Aqui, a interlocução entre Bel e Paula foi fundamental para sedimentar o conceito modificado. O ponto do Leblon seria o primeiro a inaugurar a identidade renovada: preta e rosa, com estampas de onça e poás. Quando entrou no ambiente pronto, mas ainda vazio, Bel levou um susto e achou que tinham errado a mão: "Meu nome vai pra lama!",

Morumbi Shopping,
São Paulo

"Eu só pensava em criar uma experiência inovadora e muito alegre. Sair do clássico, do tradicional, e trazer a sensualidade da mulher brasileira para dentro da loja."
Paula Barcellos

disparou. Porém, na inauguração, no dia seguinte, ela se surpreendeu positivamente com a loja finalizada e os produtos expostos. Ao ver o alívio de Bel com o êxito do resultado final, Paula brincou: "a loja, assim como as mulheres, fica melhor com lingerie do que nua."
A Loungerie estava, enfim, de lingerie.

O sucesso da nova versão, com quase cinquenta pontos de venda no Brasil, mostra a importância da colaboração dos clientes nos projetos de Bel e Bob. Eles são parceiros criativos essenciais que, quando se envolvem, tornam o resultado ainda mais bacana.

Leblon, Rio de Janeiro

bb básico

As sócias Flávia e Mariana Klinger procuraram Bel, em 2001, com a proposta de montar uma loja de roupas básicas para bebês e crianças. Já tinham um quiosque da bb básico na galeria Ipanema 2000, mas queriam um espaço maior e mais conceitual para a marca. Imaginaram um visual branco, claro e simples, para ser preenchido com *bodies* de malha e vestidinhos coloridos, os principais produtos à venda. Quando conheceu o lugar onde pretendiam se instalar – um corredor escondido no fundo do Shopping da Gávea –, Bel começou a inventar e apresentou uma proposta diferente: um espaço alegre, verde-bandeira e carmim, com toldos de lona estendidos para fora. Tudo muito diferente do que as sócias imaginavam,

Shopping da Gávea,
Rio de Janeiro

"Achei que cores definidas, fortes, surtiriam mais efeito. Tudo bem saturado. O branco, na marcenaria e paredes, iria contrastar demais com as roupinhas. E se fosse azul e amarelo, por exemplo, ficaria frio, triste." Bel

mas ambas confiaram na intuição de Bel. Aprovaram sem ver planta ou 3D e não se arrependeram. O projeto, que seguia o lema "ser básico é ser feliz", remeteu a festas e brincadeiras tradicionais e apostou na cor e numa atmosfera lúdica, valorizando os produtos expostos em prateleiras e araras reguláveis, simples e funcionais. Um acerto e tanto – que as sócias celebram em uma rede de franquias espalhadas por todo o país.

Shopping da Gávea,
Rio de Janeiro

zuka e brigite's

Inaugurado em 2002, no Leblon, o restaurante Zuka contabiliza quinze anos de funcionamento e ainda faz o maior sucesso com a coifa moldada em cobre, de onde é possível vislumbrar a grelha a carvão, diferencial do espaço, e o frenesi da montagem dos pratos. O ambiente não mudou muito desde a sua inauguração, e permanece com o cimentado nas paredes, as persianas de madeira e os tons sóbrios, escolhas que partiram do desejo por um tom sofisticado, mas limitado a um orçamento restrito. Bel explica que o desafio enfrentado ali, ano após ano, tanto no Zuka quanto no vizinho Sushi Leblon, das mesmas sócias, sempre foi encontrar maneiras de fazer as reformas necessárias sem fechar as portas.

Zuka, Leblon, Rio de Janeiro

A relação contínua e duradoura de Bel e Bob com as proprietárias – Ana Carolina Gayoso, Bia Stewart e Marina Hirsch – deu origem a outro projeto em parceria: o restaurante Brigite's (atual Nola, com mudanças no projeto original), inaugurado em 2011 na mesma rua Dias Ferreira. Bob desenvolveu o conceito, voltado para um público mais jovem, inspirado em um bar *pop-up* que havia visitado em Berlim. Uma demão de tinta branca fosca cobriu os revestimentos existentes, mantendo as texturas originais e trazendo um ar de improviso. Logo na entrada, o destaque é um grande bar forrado de aço polido, com garrafas à mostra e banquetas altas em couro caramelo: mais um acerto para atrair a clientela descolada e cosmopolita do Leblon.

Brigite's, Leblon, Rio de Janeiro

zibba

Em 2010, o escritório de Bel e Bob desenvolveu, a pedido da estilista Alice Tapajós, a primeira loja da Zibba, marca carioca de bolsas e acessórios no Shopping Leblon. "Ela pretendia, com o lançamento da grife, voltar ao mercado carioca de moda", conta Bel. Apesar de ambicioso e elaborado, era um projeto para uma metragem bastante enxuta, quase um quebra-cabeça. Um expositor vazado, de linhas retas, dominava grande parte do interior da loja e virava vitrine na fachada, otimizando com maestria o espaço compacto. A inspiração havia sido uma luminária do designer Joaquim Tenreiro, adquirida por Bel em um antiquário. Bob achou um absurdo o preço, Bel respondeu que preferia a luminária a um carro. Então começaram a chamá-la de Palio. Com o tempo, a compra acabou mostrando-se um ótimo investimento. Além de ser o ponto de partida para a concepção de uma loja interessante e que traduzia o sofisticado espírito da grife, Bel lembra que o resultado rendeu, já na inauguração, um convite para desenvolver o conceito de uma nova marca para um importante grupo de calçados: "Nunca fomos muito ligados em marketing, em divulgação. O legal de fazer lojas é que a rua vira seu principal portfólio: um trabalho bacana acaba trazendo outro", explica ela.

Alto, luminária de Joaquim Tenreiro

À dir., Shopping Leblon, Rio de Janeiro

Maria Filó

maria filó

Celia Osório, criadora e estilista chefe da Maria Filó, até passar o comando para sua filha Roberta Ribeiro, costumava sentar com Bel para desenvolver os projetos das lojas da marca. O mesmo cuidado com que criava suas peças de roupa femininas e românticas também tinha com o espaço. Ela mesma escolhia e comprava lustres, cadeiras e adereços para cada novo ponto que abria – hoje, mais de sessenta em todo o país.

"Quando estudamos a marca e percebemos o cuidado que tinham no desenvolvimento das roupas, fazendo com que cada peça parecesse ter sido feita à mão, resolvemos buscar um caminho que transmitisse essa ideia do artesanal."
Bel

Shopping Cidade Jardim,
São Paulo

Assim, a primeira loja que criaram para a Maria Filó, inspirada pelo artista Juarez Machado – que em um programa de TV nos anos 1970 emprestava o corpo para dar vida aos seus desenhos, em um cenário em preto e branco –, nasceu toda branca debruada de preto. "Como se os móveis, molduras e algumas peças fossem só um grafismo, ressaltando assim os produtos que traziam cor e vida para o ambiente", descreve Bel.

Alberto Osório, marido e sócio de Célia, pragmático e sempre presente, se preocupava com a quantidade de produtos expostos, número de cabines, as questões mais práticas. Foi ele quem procurou o escritório de Bel e Bob: "Na época, eu queria mudar o projeto da loja e recebi a indicação de um arquiteto amigo para procurar a Bel, garantindo que era a melhor no mercado para o que precisávamos e que faria uma proposta com a nossa cara. E foi o que aconteceu. Estamos juntos há quinze anos!", conta Alberto. "Quinze anos de trabalho em que o visual da loja foi mudando organicamente, para se manter sempre fresco e atualizado", completa Bel.

Acima, Rio Design Leblon, Rio de Janeiro

À dir., Shopping Cidade Jardim, São Paulo

O programa de TV de Juarez Machado que inspirou o desenho da loja

negócios em família

ipanema inn

Há muitos anos à frente do Hotel Ipanema Inn, Arnaldo e Miriam Gorin íam às reuniões sobre o projeto de reforma do empreendimento, no escritório da be.bo., acompanhados dos filhos, Marcelo e Daniel. Os "meninos" colocavam-se a favor de mudanças mais radicais, como a substituição da tradicional loja de artesanato, localizada na frente

do hotel e voltada para a rua, por um restaurante; enquanto os pais adotavam uma postura mais cautelosa em relação às novidades. No final de um dos encontros, Bel comentou com Miriam e Arnaldo: "Vocês deviam dar carta branca a esses meninos, eles são muito bons." A reunião seguinte, conta Bel, começou com o anúncio divertido de

"Em muitos projetos, trabalhamos com empresas familiares e acompanhamos a chegada das novas gerações. Costuma ser um momento cercado de certa apreensão, mas também de muito frescor e energia." Bel

Miriam e Arnaldo: "Vamos dar carta bege aos meninos." A partir daí, o processo, iniciado em 2011, se desenvolveu de forma equilibrada, buscando unir a experiência dos pais às propostas inovadoras trazidas pelos filhos: Marcelo assumiu o cargo de gerente operacional do grupo, e Daniel de gerente de marketing.

"Brincamos dizendo que a Bel atuava como terapeuta familiar", conta Daniel Gorin, da empresa carioca, que conta ainda com o Hotel Arpoador. "Logo no início do projeto, comprei um enorme sofá com base em madeira, em uma feira de antiguidades, pensando em utilizá-lo no lobby do hotel. A obra atrasou e acabei colocando o sofá à venda na m.o.o.c. (loja de design e produtos *vintage* na Fábrica Bhering). Fiquei feliz quando me falaram que o Daniel Gorin tinha

estado na loja e adquirido exatamente esse móvel para o Ipanema Inn", comenta Bel, usando o episódio para ilustrar a sintonia existente com Daniel e Marcelo ao longo de toda a reforma. A parceria resultou ainda na inauguração do simpático e elegante restaurante Quitéria, junto ao lobby, justamente no lugar da loja de artesanato.

"Somos de gerações diferentes, com experiências pessoais e profissionais também muito diferentes e a Bel conseguiu absorver e organizar essas opiniões e desejos diversos num projeto que deixou todo mundo feliz, nós e nossos clientes."
Daniel Gorin

Página seguinte, restaurante Quitéria, Ipanema Inn, Rio de Janeiro

SHOULDER

shoulder

A Shoulder já era uma marca consolidada no universo da moda, há mais de vinte anos no mercado, quando, em 2005, procurou o escritório de Bel e Bob. Na ocasião, Beny e Monique Majtlis haviam se juntado aos seus pais, Rosanne Azulay Majtlis e Hélio, fundadores da grife, na administração do negócio, e buscavam um projeto que embalasse a tradição construída pela família com uma identidade mais contemporânea.

Bob e Bel contam que a inspiração para o primeiro projeto da Shoulder

Oscar Freire, São Paulo

"A marca tinha um DNA muito paulista e as lojas eram mais frias. Quando começamos a crescer, chegou a oportunidade de sair de São Paulo e, depois de Brasília, a segunda nova praça seria Salvador. Nesse momento, partiu do meu pai um certo incômodo, pois ele achava que as mulheres do Nordeste não gostariam do estilo das lojas e vimos que precisaríamos de algo mais quente e sofisticado."

Monique Majtlis

veio de uma viagem a Buenos Aires. Foi lá que eles se encantaram por um antiquário no bairro da Recoleta e capturaram, em uma foto, os móveis e objetos vintage do lugar sob a luz filtrada por venezianas de madeira. De volta ao Brasil, garimparam pessoalmente dezenas de móveis e objetos em feiras de antiguidade e brechós, peças que, junto com as venezianas na fachada e os painéis pivotantes de madeira no interior, deram o tom ao mesmo tempo sofisticado, quente e aconchegante que os arquitetos – e clientes – buscavam.

"Bob e Bel foram os grandes protagonistas do reposicionamento da marca.

Salvador Shopping, Salvador

Quando montamos a primeira loja repaginada, vimos que os produtos não acompanhavam essa nova identidade e por isso acabamos mudando também o próprio estilo das roupas, pois os produtos precisavam refletir essa transformação", conta Monique.

Nos últimos dez anos, o projeto da loja vem acompanhando a evolução da marca. Hoje, são mais de sessenta lojas em todo país, que ganharam algumas modificações, sem perder, no entanto, a identidade original.

Oscar Freire, São Paulo

pop up store

Quando ganhou a concorrência para fazer o projeto da Pop Up Store (que tem os proprietários da Shoulder como sócios), a opção de Bob foi "explorar a beleza do inacabado". Para a marca, que se inspira na agilidade da cultura digital e no ritmo frenético e jovem das redes sociais, ele criou um espaço com ar improvisado, que parece ter sido inaugurado antes de ficar pronto. Partindo desse conceito, o projeto explora o uso de blocos de concreto aparentes e deixa expostas todas as instalações elétricas.

A essa base neutra, industrial, foram adicionados elementos de *visual merchandising* inspirados na comunicação direta e divertida dos blogues de moda.

ETTIEST THING YOU CAN WEAR.
UP
POP
STORE

CHOCOLATE IS GOOD, BUT CLOTHES ARE CARB-FRE
SHOP IN THE NAME OF LOVE

"Bob matou a pau. Fez uma loja deslumbrante na Oscar Freire e garantiu para a nova marca o clima urbano e divertido que desejávamos", conta Monique Majtlis. O processo de desenvolvimento do projeto, segundo Bob, mobilizou a ala mais jovem do escritório: "Por um tempo, seguimos ativamente todos os passos da Fabiana Justus (estilista idealizadora da marca) nas redes sociais, como *stalkers*. Começou como uma brincadeira, mas foi essencial para conhecermos melhor seu gosto, garimpar referências e entender o universo que a cercava", arremata ele.

Oscar Freire, São Paulo

juntos

venderemos

944
OSCAR FREIRE
SCHUTZ

schutz

Quando Bel e Bob começaram a desenvolver o projeto para a grife de calçados Schutz, em 2010, a marca do grupo Arezzo, comandada por Alexandre Birman, já havia inaugurado algumas lojas *pop-up*, concebidas pelo diretor de arte Giovanni Bianco. O novo visual manteve o espírito original, jovem e descolado, e se inspirou nos módulos existentes, em formato de cubos brancos, para desenhar uma grande e atrativa parede expositora, que aumentou significativamente a quantidade de itens à mostra – um importante desejo dos clientes.

Oscar Freire, São Paulo

"Estava sentada em uma festa, quando comecei a me entreter filmando, com meu celular, os pés em movimento de um grupo de jovens, todas usando saltos altíssimos. Achei aquilo a cara da Schutz", lembra Bel. Essa dança constante, divertida e animada, foi trazida para a loja pelo painel em videowall que ocupa o fundo. "Esse recurso acabou funcionando como um acontecimento vivo e atraente. A Schutz tinha essa imagem de festa, de gente da moda vestida de preto. E acho que conseguimos traduzir esse clima *fashion* ali", completa Bel.

O projeto desenvolvido tinha ainda a preocupação de ser modular e facilmente adaptável às novas unidades e configurações – em 2011, por exemplo, o ritmo de expansão da marca contabilizou, em média, uma nova loja por semana. Foi um período intenso, de muito trabalho e aprendizado, como recorda Bel: "Por alguns anos tivemos uma equipe dedicada quase que exclusivamente à Schutz, que montou inclusive lojas em Nova York (Madison avenue) e Los Angeles (Beverly Hills). Aprendemos muito, buscando, sempre que possível, agilizar, padronizar e simplificar os processos de desenvolvimento e detalhamento do projeto."

Alto, à esq., cena do vídeo gravado por Bel

À dir., loja Oscar Freire, São Paulo

Página seguinte, Shopping Leblon, Rio de Janeiro

944
SCHUTZ
CELEBRATE
BETTYS

SCHUTZ

AREZZO

AREZZO
50%
HOT

arezzo

O sucesso da parceria com a Schutz trouxe a oportunidade de desenvolver projetos também para as outras marcas do grupo Arezzo: entre elas, a que dá nome ao grupo, fundada por Anderson Birman, pai de Alexandre, na década de 1970. O processo para desenhar a nova Arezzo foi desenvolvido, em 2012, lado a lado com os clientes, e Bel lembra que especialmente as primeiras reuniões foram muito significativas: "A equipe deles falava sobre as lojas com a propriedade de quem sabe, por experiência, o que funciona ou não: alturas máximas, dimensões, circulações mínimas, materiais etc. Precisávamos prestar total atenção e respeitar as especificações."

O novo visual sugerido pela be.bo., na época, apresentou a marca em um ambiente mais contemporâneo, cosmopolita e urbano, com o uso de materiais como o concreto e de diferentes tons de cinza nos revestimentos.

Recentemente, o projeto passou por uma reformulação, onde foram ajustadas dimensões de expositores e materiais para que as lojas ficassem mais claras e leves. Coincidentemente, a primeira Arezzo a ser projetada pela be.bo., a unidade do Shopping Iguatemi, em São Paulo, foi também a primeira a ser reformada, em 2016, para adequar-se à nova proposta. E renovada, a Arezzo mantém-se como uma referência no mercado de calçados do país.

Pop-up Arezzo, Oscar Freire, São Paulo

78-79 obra

Pop-up Arezzo, Oscar Freire, São Paulo

anacapri

Apesar de geralmente ocupar pontos com metragem reduzida, a Anacapri, marca mais popular do grupo Arezzo, lança uma média de mil modelos diferentes por ano. Por isso, o projeto de arquitetura das lojas partiu de uma solução simples e esperta, que otimiza simultaneamente o espaço de estoque e o tempo de atendimento às clientes. O expositor desenvolvido funciona de tal maneira que o interior de cada unidade armazena os pares do produto que está ali, à mostra, em outros números e cores, e fica acessível às vendedoras através de uma portinha com fecho "leve toque", sem necessidade de recorrer a um estoque localizado em outro piso. Como as outras marcas do grupo atendidas pela be.bo., a Anacapri demandou um projeto marcante e atraente, mas que fosse também simples, modular e facilmente replicável nas inúmeras franquias espalhadas por todo o país.

Estudo em 3D para projeto

ANACAPRI

Paris, 2011
Paris, 2012

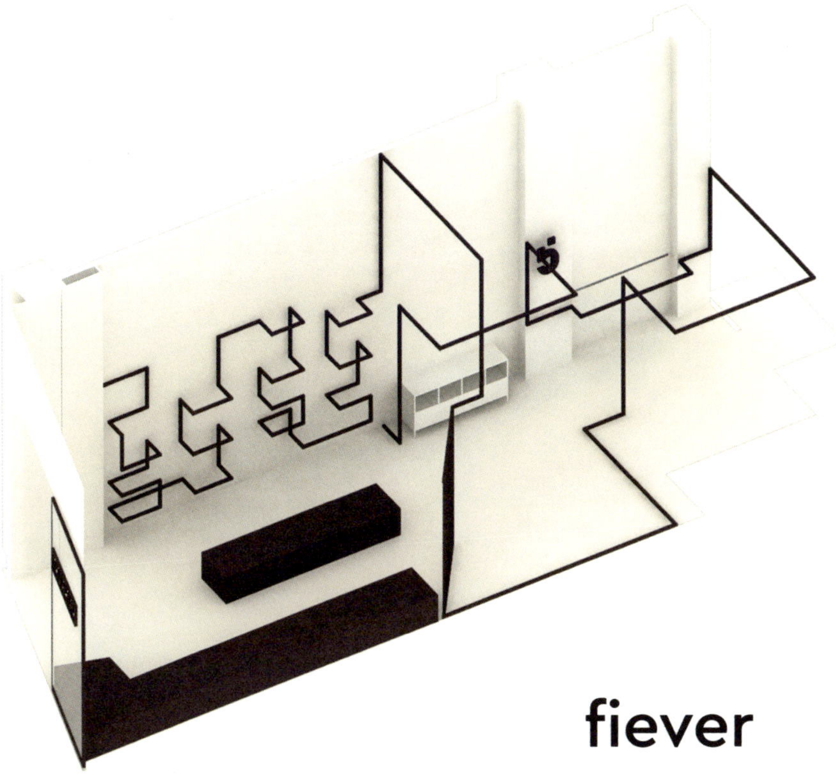

fiever

A Fiever é o mais recente projeto fruto da parceria entre a be.bo. e o grupo Arezzo. A nova marca, jovem e experimental, inaugurou sua primeira loja em 2016, na rua Oscar Freire, em São Paulo. Buscando um visual pop, o projeto partiu de elementos gráficos bidimensionais, linhas e planos, para ocupar o espaço tridimensionalmente. Para conseguir tal efeito, foram desenvolvidos expositores montados em serralheria, com perfis finos, ângulos retos e pintura eletrostática preta, que apoiam prateleiras facilmente reguláveis e adaptadas a diferentes modelos de produtos.

"O conceito foi criado literalmente no local. Com o computador no colo, equipe e mais um grupo de serralheiros, resolvemos o espaço ali."
Bel

À esq., loja Oscar Freire, São Paulo

Alto, perspectiva para o projeto

feito à mão

bibi sucos

Para muitos de seus projetos, Bel e Bob concebem peças exclusivas que terminam por ser um grande diferencial. Para transformar essas ideias em realidade, contam com um time de peso de parceiros habilidosos, entre cenotécnicos, marceneiros e serralheiros. O cenotécnico Clécio Régis é um deles, tendo executado artesanalmente uma série de itens para lojas, cenários, restaurantes e estandes feitos pela dupla. Um dos projetos que Bel destaca é o do Bibi Sucos, de 2008 (a primeira loja foi no Shopping Rio Sul), e seu inconfundível revestimento de "bananas". Clécio e sua equipe modelaram e pintaram, uma a uma, as frutas que forram as paredes das lojas, além de terem executado a pintura artística das palmeiras.

BIBI

"Além das bananas e palmeiras, outro elemento que se tornou característico do Bibi foi o uso de vidros amarelos na fachada, para que a luz filtrada no interior do restaurante reproduzisse esse tom, deixando o ambiente solar e aconchegante. Um toque que faz a maior diferença." Bel

Botafogo Praia Shopping,
Rio de Janeiro

stravaganze pizzaria

O ano era 2004 e a casa, na rua Maria Quitéria, quase na beira da Lagoa, em Ipanema, era um imóvel tombado. Ou seja, havia várias restrições quanto ao que poderia ser alterado para transformá-lo em uma pizzaria. Bel conta que enxergou os limites como bons desafios. A parede de pedra e a escada, por exemplo, tinham de ser mantidas intactas, mas, com isso, ela valorizou a iluminação, que ganhou uma trepadeira metálica pontuada com luzinhas, na fachada lateral, visível da rua. Inspirada por uma visita a Bichinho, pequeno vilarejo ao lado de Tiradentes, Minas Gerais, conhecido pelo artesanato em ferro e madeira, Bel recrutou Dorival Dantas, serralheiro e parceiro de longa data, para desenvolver

Ipanema, Rio de Janeiro

essa trepadeira em metal. Apelidado carinhosamente de MacGyver, o protagonista solucionador de problemas da série de TV americana, Dorival executou a folhagem em material maleável, que pode ser manuseado por Bel após instalado, para dar o movimento e as sombras desejadas.

Já para o balcão comunitário do segundo pavimento, a arquiteta não conseguia encontrar um modelo de banquetas que a satisfizesse. Chamou novamente o MacGyver e pediu que criasse uma base em ferro para apoiar cadeiras Thonet e, assim, transformá-las em banquetas altas.

"Contando com esses parceiros tão habilidosos, podemos abusar da criatividade e não precisamos limitar nossas escolhas ao que encontramos nas lojas", explica Bel, que entende que o ineditismo do mobiliário é fundamental para que projetos comerciais alcancem o impacto desejado.

MR CAT - & - MEN
MR CAT
MEN

mr. cat

Ari Svartsnaider, proprietário da Mr. Cat e cliente do escritório de Bel e Bob há mais de vinte anos, é o tipo de pessoa que sempre soube o que queria. Costumava chegar nas reuniões munido de fotos e referências de suas viagens pelo mundo. "Nosso papel era interpretar essas imagens e transformar seus desejos em realidade", comenta Bob.

Um desses desejos era ter nos ambientes uma pintura aquarelada e, por muito tempo, uma marca registrada da Mr. Cat foi a presença de um grande painel pintado à mão na empena interna. Essas obras foram realizadas pelo arquiteto e aquarelista Ivonesyo Ramos,

Aquarela de apresentação da loja de Ipanema, feita por Ivonesyo Ramos

Aquarela no interior da loja do Rio Design Barra, feita por Ivonesyo Ramos

que já colaborou com Bel e Bob em diversos projetos. O artista conta que começou desenvolvendo pequenas aquarelas, inspiradas em pontos famosos de Ipanema, para serem expostas nas lojas. Um dia, os arquitetos propuseram que Ivonesyo reproduzisse as imagens em um tamanho maior, direto nas empenas, que tinham até doze metros. "Era uma ampliação de dez mil por cento. Então, tivemos que desenvolver novos meios de trabalhar, otimizar o processo. Mas deu tudo certo. E, dezesseis anos depois, continuo colaborando com eles e com a marca", comenta Ivonesyo.

Estudo para loja do aeroporto Galeão, Rio de Janeiro

tidelli

No projeto da Tidelli, loja de móveis para área externa localizada no carioca Casa Shopping, Bel criou um ambiente amplo, claro e marcado por uma malha irregular que reveste toda a extensão da fachada de vidro com pé-direito duplo. A trama foi elaborada com a mesma fibra sintética e utilizando o processo artesanal de produção dos móveis da marca. Além de apresentar de forma muito criativa a matéria-prima primordial do mobiliário – que resiste à exposição prolongada ao sol –, a "embalagem" ainda protege o interior da incidência excessiva de luz e desenha sombras de interessante padrão geométrico no piso e paredes.

Casa Shopping, Rio de Janeiro

pipo

Bel conheceu o talento de Felipe Bronze ainda no Zuka, em 2002, época em que ele comandava a badalada e criativa cozinha do restaurante. Quase quinze anos depois, o chef procurou a arquiteta para desenvolver o projeto de sua nova casa, o Pipo. "Como nós, o Felipe está aberto a mudar de ideia, sempre que necessário, para transformar problemas e imprevistos em soluções melhores", afirma ela. Quando visitaram a obra e viram as paredes em gesso acartonado, que haviam recebido apenas a primeira demão de massa, concordaram: "Deixa como está que, além de um efeito lindo, é mais rápido e mais barato." Sem a possibilidade de fechar a varanda com vidro, Bel sugeriu uma cortina em tiras de plástico transparente, como aquelas usadas em

açougue, que agem como isolante térmico impedindo que o ar-condicionado escape. Felipe topou na hora a inusitada sugestão, que deu um ar descolado ao ambiente.

O projeto do Pipo é marcado por um grande e confortável *lounge* no centro do restaurante e por *kokedamas* suspensas com buganvílias rosas secas, criadas por Laura Sugimoto, do Wabi-Sabi ateliê, desenhando um paisagismo marcante e peculiar. Bel já conhecia o delicado trabalho de Laura e sugeriu a alternativa para atender ao desejo de Felipe de ter ali plantas de manutenção simples. Dependendo do ângulo de visão, os grandes espelhos do salão refletem os arranjos suspensos, o verde do exterior ou a cozinha onde os pratos são elaborados. E, para descomplicar e economizar, o piso foi mantido no cimentado original.

arte

toda

por

parte

FARM

farm

Kátia Barros e Marcelo Bastos já tinham uma loja da Farm na Galeria Forum Ipanema quando procuraram Bel Lobo em busca de ideias para um novo projeto da marca. Queriam algo diferente, que amarrasse melhor o conceito carioca da grife. Bel, na primeira reunião, encomendou a eles um painel com imagens que definissem a alma da Farm – um *mood board*. Não precisavam ser referências apenas de arquitetura e, sim, de vida, de estampas, de lugares, de arte: um pouco de tudo que os emocionava e norteava o processo criativo. Kátia fez o dever de casa e trouxe uma cartolina com recortes colados. Foi ela que inspirou a equipe de arquitetos a criar um ambiente praiano, descontraído e florido para a Farm.

"Na nossa reunião, a primeira pergunta da Bel foi 'O que é a Farm para você?' Na época fiquei com dificuldade em definir pois, para mim, era uma coisa muito intuitiva. Foi aí que ela me encomendou algo totalmente inusitado: 'Vai para casa, pega revistas, livros, e cola as imagens que te inspiram em uma cartolina.' Hoje, quando lembro desse painel (ainda na minha sala) e olho para a Farm, vejo que faz todo o sentido. Reflete bem o que a marca se tornou", lembra Kátia.

A partir das imagens reunidas – flores, praias, estampas – foi desenvolvido o primeiro projeto da parceria be.bo. e Farm, a unidade da Savassi, em Belo Horizonte, que trazia cores claras e texturas naturais nos revestimentos e mobiliário.

À esq., fachada da loja em Icaraí, Niterói

Alto, *mood board* com a alma da Farm, por Kátia Barros

farm ipanema

Ainda no ano de 2007, veio o desafio de desenvolver a primeira *flagship* da marca, uma loja de 320 m², em Ipanema. Mais de cinquenta estudos foram realizados por Bel e equipe, passando por muitas soluções mirabolantes até chegar a um projeto ao mesmo tempo simples e que atendesse às expectativas de Kátia e Marcelo. O ponto escolhido contava com um pavimento de acesso, com pé-direito duplo, e um grande subsolo, onde deveria ser montada a loja em si. A proposta foi demolir a laje do térreo, fazendo com que a circulação para o subsolo passasse a ser feita por uma escada aberta e iluminada, cercada por espelhos que refletissem a abundante luz natural que vinha da rua.

A Farm já havia manifestado a intenção de não ter vitrine ali, por isso a solução previa um jardim de bambus em toda a extensão da fachada. A obra já havia começado quando o paisagista aconselhou-os a desistir das plantas, por conta da manutenção. Foi diante desse impasse que Bel, olhando para uma cadeira com assento de palhinha que ficava na sala da sua casa, teve a ideia de substituir o

Espreguiçadeira de palhinha da Gerdau, inspiração para a fachada

Estudos para a loja

canteiro verde da fachada por um biombo com essa mesma trama.
Na versão em grande escala, o painel foi executado em tiras metálicas pintadas de branco e, assim como a ideia original do jardim, ajudava a filtrar a luz natural que avançava para o interior da loja. A partir daí, a palhinha tornou-se uma das marcas registradas da Farm, presente, sob diversas variações, em todos os projetos de unidades da grife feitos pela be.bo.

farm iguatemi

O flerte maior com a arte contemporânea, paixão assumida de Bel e Bob, aconteceu no projeto da loja do Shopping Iguatemi, em São Paulo, em 2007. O conceito, ali, foi ambicioso: montar um jardim de verdade, como uma instalação, no espaço de 130 m².

"Fui ver uma exposição no Museu de Arte Moderna (MAM-Rio) e fiquei apaixonada pelo trabalho do artista plástico Eduardo Coimbra. Encontrei-o, em seguida, numa festa na Galeria Gentil Carioca e, no meio do papo, convidei-o para ser o 'jardineiro' da nova Farm. Ele topou", lembra Bel. Quem também participou dessa empreitada foi a artista Tatiana Grinberg, desenhando os vãos e os espelhos.

Alto, *Natureza da paisagem*, exposição de Eduardo Coimbra, 2007

Abaixo, *Corte duplo*, exposição de Tatiana Grinberg, 2006

A ideia era criar uma instalação natural, verde e viva, no meio da loja. O jardim, propriamente dito, não foi feito, mas Eduardo e Tatiana participaram do concepção do projeto, trazendo frescor e um olhar renovado, surpreendente, para a marca. Os espelhos ganharam a forma de amebas, típica da obra de Tatiana.

"Montamos uma equipe colaborativa, de diferentes áreas, o que, para mim, fez total diferença no resultado", avalia Bel.

Outro desafio, nessa unidade do Iguatemi, foi obter a permissão para quebrar uma parede da fachada do shopping, abrindo uma janela para a vista verde e para a entrada de luz natural. Bel conseguiu a aprovação para a empreitada, mas ficou decepcionada quando enxergou também uma casa ocre, sem graça, enquadrada ali. Sem pestanejar, bateu na porta do imóvel e ofereceu ao dono pintar tudo de verde. E assim foi feito.

Acima, vista da casa ocre
da loja do Iguatemi

farm fashion mall

Um dos desafios no desenvolvimento de novas lojas da Farm é justamente reinventar o uso da palhinha, alternando-a com os outros elementos característicos da marca - como plantas, madeiras claras, texturas artesanais -, para que cada ponto de venda adquira uma ambiência própria, uma personalidade.

No projeto para o espaço do Fashion Mall, de 2009, premiado na categoria "comercial" pela Revista A&C, os painéis de palhinha ganharam um molde orgânico e foram transformados em extensos biombos que delimitavam os ambientes dentro da loja. Bel conta que a inspiração veio de uma visita que ela e Bob

Bob e Bel entre as esculturas de Richard Serra, no Dia:Beacon

fizeram, no mesmo ano, ao Dia:Beacon, centro dedicado à arte contemporânea próximo à Nova York. Lá, se encantaram com as elipses, em metal, do escultor americano Richard Serra, e Bel procurou recriar, aqui, a experiência de caminhar por esses espaços dentro de espaços, permeados com curvas e formas sinuosas.

Ao lado, 3D da planta baixa

h.stern

Atravessando um momento de questionamento profissional, em 2010 Bel chegou a declinar o convite para desenvolver a loja conceito da H.Stern e sugeriu um arquiteto renomado para a tarefa. As negociações com o nome indicado acabaram não avançando e, nesse meio-tempo, ela começou a esboçar, sem compromisso, possíveis ideias para o espaço. Bel já tinha tido uma experiência anterior – rica e prazerosa – de desenvolvimento de pontos de venda da H.Stern em Lima e Cusco, no Peru, e guardava boas recordações da relação com os clientes.

Rio Design Barra, Rio de Janeiro

Foi assim que, quando sondada de novo para desenvolver a loja conceito no Rio Design Barra, em janeiro de 2011, Bel não hesitou: entrou de cabeça no projeto, assumidamente inspirada por obras de artistas contemporâneos brasileiros, como Nelson Félix, e pela natureza exuberante do Brasil, que adora e admira. Em parceria com a amiga e arquiteta Lilian Nóbrega, criou expositores na forma de troncos de árvores, que indicavam a conexão das joias, nas vitrines, com as gemas e metais preciosos extraídos das profundezas do solo. Uma floresta assinada por Bel e fincada em meio à Zona Oeste carioca.

Acima, estudo para *Mesa – Pampa*, do projeto Cruz na América de Nelson Félix, 1997–1999: inspiração para a criação dos expositores

Perspectivas em 3D, Jardim Botânico, Rio de Janeiro

om.art

Localizado no Jockey Club Brasileiro, no Rio de Janeiro, o espaço teve um projeto inicial desenvolvido em 2014, que seguia um programa bem enxuto. Concebido para ser uma pequena galeria de arte, foi vendido em 2015, antes mesmo do início da obra, para o estúdio OM.art (de Oskar Metsavaht, criador da Osklen), e gradativamente se expandiu ganhando diferentes contornos. A equipe da be.bo. precisou quebrar a cabeça para atender às solicitações dos novos proprietários, que incluíam acréscimo de área, aumento do pé-direito, além da construção de um *rooftop*. O desafio foi abraçado com entusiasmo e a solução encontrada conciliou o projeto inicial com a adição de um subsolo e a substituição da estrutura de pré-moldado de concreto por uma metálica, em forma de galpão. "Criamos um bunker para arte", resume Bel.

arquivo contemporâneo

O projeto do Arquivo Contemporâneo em Brasília veio para celebrar a antiga relação de parceria e amizade existente entre Bel e João Caetano, o criador e o nome por trás da loja dedicada ao melhor do mobiliário brasileiro. Para o espaço do Rio, em Ipanema, Bel já havia criado vitrines e colaborado em eventos especiais, mas foi no showroom de 600 m² em Brasília, inaugurado em 2014, que pode unir forças para desenhar um enorme plano aberto que mais parece uma galeria de arte focada no design contemporâneo nacional.

Lago Sul, Brasília

"A Bel me mostrou que o vazio está sempre à espera de companhia, como a parede, as cores, o piso e o teto buscam, a qualquer momento, se relacionar para criar um ambiente. Aqui, as pegadas da Bel estão balizando os caminhos da beleza, com simplicidade e despojamento. Como deve ser a arquitetura da vida."

João Caetano

entre

tempos

casa camolese

Alguns processos de desenvolvimento ocorrem de forma tão dinâmica que o projeto tem que ir mudando e evoluindo junto com as ideias do cliente, muitas vezes com a obra já em andamento. Foi o caso da Casa Camolese, no Jockey Club carioca, que começou como um restaurante e teve seu conceito ampliado, tornando-se, aos poucos, um "parque de diversões para adultos", como define Bel, em tom de brincadeira. A versão atual tem 850 m² e conta com cervejaria artesanal, delicatessen e clube de jazz, além do bar, que permanece como ambiente central do projeto.

Duas casas geminadas do século XIX, localizadas no bairro do Jardim Botânico, foram escolhidas para abrigar o empreendimento. O projeto inicial propunha a integração do espaço interno dos sobrados, porém, o Instituto do Patrimônio Histórico e Artístico Nacional (Iphan) solicitou que a divisão existente permanecesse visível na reforma. Como as casas estavam bastante degradadas, praticamente em ruínas, a obra para recuperação dos espaços e adaptação ao novo uso foi complexa, assim como o processo burocrático para sua legalização. Sem desanimar com os contratempos, enquanto a obtenção de licenças e a obra se desenrolavam, Cello Macedo, um dos sócios do espaço ao lado de Vik Muniz, continuou trazendo novas ideias e acrescentando detalhes ao projeto original, que ganhou o contorno de uma grande "fábrica" voltada para o entretenimento.

A ORIGEM E O DESTINO
SAIDA

CAMOLESE

fazenda bananal

Este projeto, realizado entre 2015 e 2017, consistia na reforma e na construção das novas instalações do complexo Fazenda Bananal, original do século XVII e localizado na região de Paraty, incluindo extenso reflorestamento da área e restauração do casarão histórico.

Um dos objetivos do espaço é ser um centro para educação ambiental e compartilhamento de técnicas de produção sustentáveis. Para isso, conta também com salas para aulas e eventos, além de recepção, capril, curral, galinheiro, centro de beneficiamento, queijaria, restaurante, alojamento etc. Em todos os equipamentos projetados é visível a intenção de Bel e sua equipe

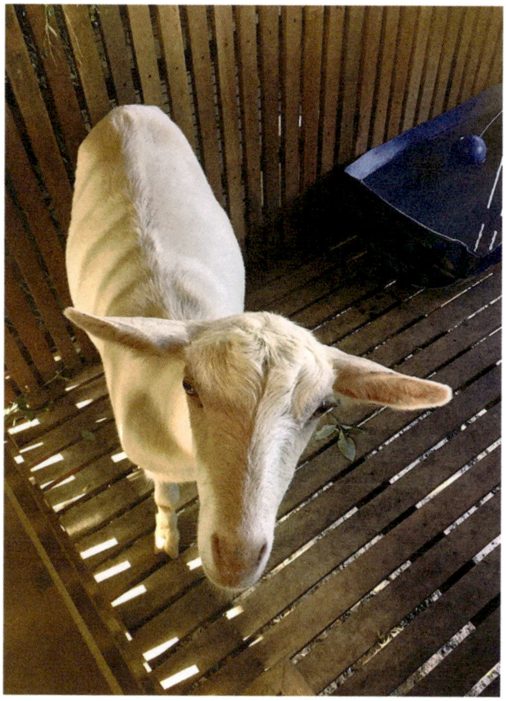

de conciliar bom design a um grande respeito à simplicidade e à natureza exuberante do entorno. A opção foi utilizar muito vidro e madeira como matérias-primas principais, inclusive em estruturas e esquadrias. O pau do mato, originalmente utilizado na região nas construções de pau a pique, se uniu à argamassa elaborada com barro, extraído no local, e cimento, trazendo uma deliciosa atmosfera de "roça moderna" ao conjunto.

Acima, a galinha, segundo Bel

"Para nós, foi um respiro e uma delícia aprender sobre os ritmos e processos rurais para poder desenvolver galinheiros, currais etc."
Bel

Fazenda Bananal, Paraty

PARATY
SALINGER

livraria das marés

Todos os anos, desde 2003, a Festa Literária de Paraty (Flip) tem lugar garantido na agenda de Bel e Bob. Os arquitetos esperam ansiosos pelos dias que passam na charmosa cidade fluminense, onde se alimentam de ideias, assistindo a palestras e leituras, e cruzam com seus escritores preferidos pelas ruas. Quando, em 2012, Bel recebeu o convite para projetar uma livraria-café na cidade, ficou radiante.

A casa escolhida para o empreendimento era tombada, como a maioria no centro histórico, e, por isso, foi necessário manter a fachada original, assim como a estrutura dos telhados e afastamentos. Já no interior, a transformação foi total. Logo na entrada, painéis de marcenaria tingidos na cor grafite expõem os livros frontalmente: esses módulos dão destaque para as capas de títulos dedicados à arte, flora e fauna brasileiras – nicho principal da livraria. No fundo da casa, localiza-se o café que, ao lado do bloco dos banheiros, desenha um volume de cor laranja, visível a partir da entrada. Para melhor aproveitar a pequena área não construída que havia no terreno, foi projetado um estreito jardim cercado por espelhos que multiplicam a vista verde. É ali que se localiza um agradável *lounge* externo.

por uma arquitetura invisível

livraria da travessa

"Era uma vez uma livraria com uma história quase longa localizada na travessa do Ouvidor, no centro do Rio de Janeiro: Livraria da Travessa. Foi fundada em 1986 e era comandada pelo Rui Campos. Rui conheceu o Roberto Guedes, que se tornou seu sócio. Rui conheceu Ana Landim. Ana cantava no Coro Come. Ana se casou com o Rui. Bel e Bob cantavam no Coro Come e conheceram Rui e Roberto. Bel e Bob fizeram uma reforma na livraria. Rui, Roberto, Ana, Bel e Bob, a Travessa, o Rio de Janeiro e os livros se casaram e estão felizes para sempre."

Desenho da fachada de Ipanema por Sérgio Louzada

IVRARIA DA TRAVESSA
LIVRARIA
DA
TRAVESSA

LITERATURA
JORGE AMADO
NAVEGAÇÃO DE CABOTAGEM
OTRA LÍNGUA

Dessa forma divertida, Rui Campos conta a história da Travessa, fazendo o retrato de um casamento que deu certo. O início foi na década de 1990, mas foi quase dez anos depois, com o projeto para uma nova loja, em Ipanema, que a Travessa passou a ter seu visual e sua atmosfera impregnados de uma personalidade própria. A imagem que inspirou Bel e Bob, na ocasião, saiu de um livro garimpado na feirinha da Praça XV, que registrava as antigas e tradicionais fachadas de lojas inglesas, sinônimos de qualidade e um atendimento diferenciado. Já no interior, as soluções e os materiais empregados eram simples, convencionais, fazendo parecer que sempre estiveram ali, óbvios e, por isso mesmo, invisíveis. Um ambiente que,

Alto, detalhe do piso original da antiga lavanderia, mantido na loja de Botafogo, Rio de Janeiro

Acima, o livro garimpado que inspirou a fachada da Travessa

À esq. e abaixo, loja de Botafogo

"Antes dos livros chegarem, o ambiente parecia muito escuro, dando a impressão de que erramos na iluminação. Mas depois, quando a luz refletiu nas capas e lombadas coloridas, o visual ficou na medida!" Bel

Alto, Barra Shopping, Rio de Janeiro

Acima, poltrona com design de Luiz Philippe Carneiro de Mendonça, na loja do Leblon

com as confortáveis poltronas de couro e as pilhas de livros cuidadosamente desarrumadas, convidava a uma leitura casual, sem compromisso.

Depois de Ipanema vieram algumas outras lojas, e, apesar das diferenças, vários elementos se repetem, como as estantes de marcenaria tingidas de preto e o piso de madeira ou ladrilho hidráulico. Bel lembra que é sempre interessante comparar dois momentos no final da obra – antes e depois da entrada dos livros. "Com as lombadas coloridas nas estantes, a loja se ilumina". O estilo "Livraria da Travessa" virou um padrão de sucesso e acabou se expandindo, ocupando grandes lojas em shoppings. A do Leblon, com direito a azulejos de Athos Bulcão na vitrine, tem a laje de concreto do teto exposta, ampliando assim o pé-direito e criando espaço para um café do Bazzar (também cliente da be.bo., ver p. 175) no mezanino. Os móveis e objetos, geralmente garimpados em feiras de antiguidades por Bel e Bob, conferem um irresistível ar de casa e garantem um toque de humor e descontração ao ambiente. Esse visual, tão bem-sucedido, ganhou o prêmio de melhor loja do Shopping Leblon, em 2007. "Ficamos surpresos e, ao mesmo tempo, lisonjeados com a justificativa do júri: na Travessa, as pessoas não se sentiam dentro de um shopping", revela Bel.

Alto, Shopping Leblon, Rio de Janeiro

Página seguinte, Barra Shopping, Rio de Janeiro

Clientes e amigos: bate-papo com Rui Campos e Roberto Guedes, sócios da Travessa

DVD
CD
Elevador
PONTO DE IMPACTO
Sidney Sheldon
PLASTIC
Modern
Serpentine Gallery Pavilions
Brazil Hotels
POOLS

CONSULTE
O PREÇO

phebo e nº dez

Depois de já instalada – e bem estabelecida – em um simpático sobrado da rua Lopes Quintas, no Jardim Botânico, a empresária Roberta Damasceno, proprietária da Dona Coisa (multimarcas de moda), resolveu montar, no segundo piso, uma loja destinada à nova linha de produtos de perfumaria da Phebo. Com pouco tempo e um orçamento baixo para a reforma, o espaço, criado em 2012 pela be.bo., surpreendeu pelo visual simples e eficiente, com estantes retas e a força da combinação do cinza grafite fosco, presente nas paredes e no mobiliário expositivo, contrastando com os tons vibrantes das embalagens com design levemente retrô.

Já em uma segunda ocasião, em 2015, Bel e Bob foram convidados para voltar à Dona Coisa e desenvolver o espaço da primeira linha exclusiva, a Nº Dez. Nele, uma estrutura vazada de madeira clara, suspensa no teto por fios de aço, serve de suporte para os cabideiros e expositores.

Em comum entre os dois projetos, a simplicidade das formas, o uso de uma cartela de cores e de materiais reduzida ao mínimo, além da recorrente estratégia – muito usada pela dupla – de delimitar visualmente um espaço dentro de outro.

Jardim Botânico, Rio de Janeiro

61
BESI
loja de decoração e café
BESI

besi

Bel e Bob gostam de repetir o mantra de que é importante reconhecer, enquanto arquitetos e criadores, que certos projetos pedem intervenções sutis, principalmente os que envolvem construções históricas. Mais do que o eventual desejo de "deixar sua marca", afirmam ser essencial desenvolver um olhar sensível e atento às qualidades e características originais do espaço existente. Ou, como costuma brincar Bel, saber perceber quando só é necessário "limpar, pintar, dar beijinho e entrar". Foi exatamente essa sensação que ela teve quando entrou pela primeira vez no sobrado centenário, tombado, no Centro do Rio, escolhido para abrigar a Besi, loja de utensílios para cozinha

e objetos de decoração de Bernardo Barros e Sissi Freeman, a atual CEO da Granado. Bel optou, então, por ocupar o imóvel com uma intervenção discreta, que valorizasse a base existente e os produtos a serem expostos. A fachada original foi recuperada, as paredes internas, de tijolo maciço, ficaram aparentes, a entrada de luz natural foi otimizada e um mezanino foi criado para melhor aproveitar o pé-direito duplo e abrigar as mesas do café que funcionava ali.

Mas que fique claro: valorizar a simplicidade pode dar muito trabalho. Dizer que é só "limpar, pintar, dar beijinho e entrar" é uma maneira divertida de indicar que determinado lugar não precisa de muitas invenções, que o projeto pode apenas evidenciar os pontos fortes já existentes e otimizar seu funcionamento.

Village Mall, Rio de Janeiro

Centro, Rio de Janeiro

coca-cola

O projeto desenvolvido em 2015 para a Coca-Cola tirou partido da localização privilegiada do andar reservado para reuniões na sede da empresa, voltado para dois cartões postais cariocas: o Pão de Açúcar e o Corcovado. O ambiente foi pensado por Bel e Mariana Travassos de maneira que a paisagem estivesse sempre à vista e a luz natural fosse constante. Para isso, criaram módulos soltos do teto e também quase sempre desencostados das paredes, garantindo uma circulação livre entre os ambientes. "As salas de reunião são espaços dentro do espaço. Esse foi o partido do trabalho, que permitiu trazermos a paisagem para o interior", explica Bel. As cores das luminárias e dos painéis, o piso xadrez, assim como os *backlights*, fazem a conexão com a marca e completam o clima de descontração do projeto, vencedor do VI Prêmio Casa Claudia (categoria Escritórios e Consultórios, 2016).

Praia de Botafogo,
Rio de Janeiro

RESERVADO

fazenda culinária

O prazo era apertado: dois dias para entregar um estudo preliminar do Fazenda Culinária, o novo restaurante que seria montado no Museu do Amanhã, zona portuária do Rio. Bel e Vera Saboya, à frente do restaurante, já se conheciam há bastante tempo e haviam trabalhado juntas em algumas ocasiões. Vera queria um ambiente que representasse a simplicidade e a transparência do conceito *farm-to-table*, ou seja, pratos que usassem ingredientes frescos, vindos direto da plantação para a mesa. Bel também acreditava que privilegiar a simplicidade era a melhor estratégia para desenvolver um projeto para uma construção com arquitetura tão marcante como a do museu, assinada pelo espanhol Santiago Calatrava. O entrosamento e a confiança mútuas fizeram com que as ideias fluíssem e o estudo fosse desenvolvido em tempo recorde, em 2016.

Apesar da pressa do momento inicial, o processo de desenvolvimento exigiu adaptações e concessões que tiveram que ser feitas no decorrer da obra. Um dos principais elementos,

uma estrutura metálica tridimensional concebida para abrigar uma horta que abastecesse a cozinha com temperos frescos, foi vetado pela impossibilidade de execução das instalações hidráulicas necessárias e por restrições orçamentárias. Em vez de lamentar, Bel e Bob costumam dizer que as melhores soluções nascem por conta desses impedimentos. Foi assim que surgiu a ideia de ocupar a estrutura central com estantes metálicas repletas de objetos e utensílios da loja Feira – multimarcas localizada na Fábrica Bhering, pertencente à diretora de arte Kiti Duarte –, onde a paleta se restringe a cru, branco, preto e cinza. Um revestimento simples, mutante, à venda. Um grande bazar de formas, texturas e sabores.

FAZENDA CULINÁRIA

os clássicos

BAZAR

bazzar

Ipanema, Rio de Janeiro

A primeira unidade do Bazzar, em uma casa na Lagoa, foi a estreia de Bel e Bob no segmento de restaurantes, no distante ano de 1998. O projeto seguia um estilo provençal, com objetos *vintage* e pintura artística estampando prateleiras e paredes. Reinaugurado em 2004, em Ipanema, o novo Bazzar trazia uma proposta bem diferente: placas de concreto, painéis de vidro, ripas de madeira clara e uma atmosfera ao mesmo tempo contemporânea e intimista. A ambiência estava mais de acordo com a proposta de cardápio e serviço oferecidos pela *restaurateur* Cristiana Beltrão: um mix entre internacional e regional, ousado e clássico. O mobiliário (mesas e cadeiras) levou também a assinatura de Bel, que

admite que muitas vezes prefere desenhar cada peça do que especificar o que já tem no mercado.

Algumas modificações foram feitas nos últimos anos ao projeto original, entre elas a adição de um *bubble bar* – bar de espumantes – na entrada do restaurante e um jardim vertical no interior. Mas, se depender de Bel, o espaço não mudará de cara tão cedo: "Não sou obcecada por reforma, renovação, novidade. Acho que o Bazzar tornou-se um clássico, que está envelhecendo muito bem."

CACAU NOIR
chocolate

cacau noir

Para traduzir o espírito da Cacau Noir, criada no Rio em 2004, e de seus chocolates delicados e refinados, o projeto apostou na combinação elegante de preto e branco. Quase todo o ambiente é revestido em fórmica preta fosca, destacando os interiores dos nichos expositores, iluminados, moldados em vidro leitoso branco. O piso claro e os pufes, em capitonê preto, completam o clima onde os elementos parecem ter sido reduzidos ao essencial.

Aqui, o chocolate foi valorizado como uma peça de arte, e o estilo sofisticado do projeto, formatado em linhas clássicas e puras, ajuda a reforçar o tom de luxo e qualidade que se desejava.

À dir., Galeria Quartier Ipanema, Rio de Janeiro

Acima, quiosque Rio Design Barra, Rio de Janeiro

começo

meio

e fim

SOMBRAS
NOVO
DELINEAD
NOVO
VERDE BRILHANTE
LÁPIS
NOVO
VIOLETA BRILHANTE
NOVAS CORES
RIMEL

quem disse, berenice?

O escritório já havia passado de Bel Lobo e Bob Neri Arquitetos para be.bo. etc. havia algum tempo, mas foi participando da concorrência nacional para o projeto da quem disse, berenice?, do grupo de cosméticos O Boticário, em 2011, que começou a funcionar como um coletivo de verdade. Apesar da marca e dos produtos ainda estarem em desenvolvimento, o direcionamento para o projeto era claro: a loja deveria ser divertida, acessível, jovem, descomplicada e descontraída. "Juntamos toda a equipe na sala de reunião, mais de trinta pessoas na época, para várias sessões de pesquisa e *brainstorming*. Foi um processo muito participativo e prazeroso de desenvolvimento de conceito, e, juntos, optamos por apresentá-lo em um vídeo", lembra Bob.

Animação que venceu a concorrência

A loja foi inspirada em papelarias, armarinhos e mercados populares, lugares que seduzem pela cor, quantidade e diversidade dos produtos em exposição e pela possibilidade de manusear e testar esse arsenal. Em um segundo momento, um grupo menor formado dentro do escritório tomou a frente do processo e a proposta saiu vitoriosa na concorrência. Após a comemoração, passaram-se ainda meses de pesquisa, desenvolvimento de mobiliário e equipamentos exclusivos. "Acabamos sempre criando peças novas para nossos projetos. Como a ideia era, desde o início, o modelo de expansão através de franquias, conseguimos desenvolver soluções personalizadas, econômicas, modulares e facilmente replicáveis. Atualmente, já contabilizamos mais de seiscentas unidades espalhadas pelo Brasil", comemora Bel.

Acima, estudo 3D do interior da loja

À dir., primeira loja da marca, Itaim, São Paulo

unhas
olhos
pé e mão sempre da mesma cor?
quem disse, berenice?
olho preto só pode à noite?
quem disse, berenice?
quem disse, berenice?
descubra os efeitos
sinta as texturas.

bob's

A equipe do Bob's chegou à be.bo. em 2014, após realizar uma longa pesquisa com o público alvo e concluir que suas lojas já não transmitiam o pioneirismo e a tradição da rede, responsável por abrir a primeira lanchonete de *fast food* do país. Além da be.bo., e da própria equipe de marketing do Bob's, agências de design e de publicidade também trabalharam simultaneamente e colaborativamente na empreitada para reposicionar a marca. Os encontros eram sempre animados, com um grande time sentado em volta da mesa de reuniões. "Confesso que, no início, parecia que ia ser muita gente dando opinião", diz Bob, "mas foi um processo muito rico, consistente, que resultou em uma nova identidade, coerente em todos os seus aspectos." Da logomarca (desenvolvida pela Tátil Design com carimbos de batata artesanais) ao visual do ponto de venda, a intenção foi refletir personalidade, humor e qualidade.

No novo projeto, os pedidos passaram a ser feitos em um balcão de atendimento inspirado em um trailer com ar retrô, trazendo as cores e formas dos anos 1950, época de criação da lanchonete. De forma divertida, o painel revestido em fórmica que separa a área de atendimento dos bastidores, onde os produtos são manuseados e preparados, traz a ilustração de uma cozinha caseira, com direito a pinguim de geladeira e relógio na parede, riscados em um traço colorido e lúdico.

Bob's
Do jeito que
você quer!
Hamburguer
EAT

Bob's
Do jeito que
você quer!

Bob's
Não dá
pra
resistir!
Hamburguer
EAT

S DE NATAL
Men

o boticário

A tarefa era um verdadeiro desafio: renovar o visual da maior rede de franquia de cosméticos no mundo, sem perder o vínculo com a longa história de identificação e confiança que a empresa estabeleceu com seus clientes. Para isso, o projeto da be.bo. para O Boticário se inspirou nas origens da marca, surgida como uma farmácia de manipulação na década de 1970, e saiu vencedor de uma disputada concorrência realizada em 2016, envolvendo seis escritórios de arquitetura brasileiros e estrangeiros.

Apresentando uma releitura dos "balcões de atendimento", lugar de troca e de conversa nas farmácias

Perspectiva animada em 3D

tradicionais, o projeto explora também o tom de verde tradicionalmente relacionado à marca, assim como a clássica silhueta das ânforas de perfumes d'O Boticário, que foi reproduzida nos azulejos e nas grades decorativas das fachadas. Uma trama metálica regular, instalada nas paredes e no teto, se adapta para receber diferentes configurações, produtos e campanhas de comunicação ao longo do tempo, servindo também como suporte para a iluminação da loja.

"Apesar de ter logo agradado, nos pediram para adaptar muitos elementos em relação à ideia original, que venceu a concorrência. Tenho a impressão de que nos escolheram, também, pela nossa disponibilidade para trabalhar em parceria, sempre atentos a acolher as demandas trazidas pelo cliente." Bob

Barra Shopping,
Rio de Janeiro

Barra Shopping,
Rio de Janeiro

"Acabamos apresentando um projeto que resgatava a atmosfera das antigas boticas e farmácias, pois esse ambiente retrata a própria história do Boticário. Por isso optamos por uma linguagem inspirada em laboratórios, um clima mais industrial, e fomos pesquisando esses ícones que traziam essa memória emocional da marca." Bel

Foi um processo longo e trabalhoso, que incluiu muitas viradas de noite da equipe até chegar à versão final. Deu certo. A inauguração da primeira loja da marca, adaptada ao novo projeto, aconteceu no final de 2017, no Barra Shopping, Rio de Janeiro. E a previsão é, em seguida, se espalhar por centenas de unidades no Brasil e exterior.

entre
sem
bater

biblioteca parque

Não foi tarefa fácil transformar a antiga Biblioteca Pública do Estado do Rio de Janeiro, que andava sem vida e malcuidada, na luminosa e convidativa Biblioteca Parque Estadual. Além do alto investimento, foram necessários muitos profissionais, de diferentes áreas, tanto do setor público quanto do privado, trabalhando dedicadamente por anos para que o projeto da Secretaria Estadual de Cultura virasse realidade. "Foi uma empreitada bacana: muitas cabeças pensantes e um desejo imenso que desse tudo certo", lembra Bel. Mais que uma reforma, a concepção espacial inspirava-se nas bibliotecas-parque de Medellín e Bogotá, na Colômbia, para ampliar os serviços, modernizar o acervo e oferecer informação, atividades culturais e lazer para todos.

Pergunte
O meu
amor
sozinho

100 ANOS
VINICIUS
DE MORAES

bomboniere

"Das regras de utilização do espaço à programação visual, tudo foi feito com qualidade e respeito aos usuários. Lembro de um dia ver a Vera (Saboya, então diretora da Biblioteca) despertando com delicadeza alguns visitantes que dormiam no local, orientando-os a buscar um jornal ou um livro e lembrando--os que 'ali não era lugar de dormir, era, sim, lugar de despertar.'" Bel

Glauco Campello, autor do projeto original desenvolvido na década de 1980, ficou à frente da revitalização do edifício, enquanto a be.bo. assinou o design de interiores, que incluía a setorização e a criação de mobiliário exclusivo para todas as áreas. A Biblioteca foi reinaugurada em 2014, no Centro do Rio de Janeiro, oferecendo acesso a um ambiente de cerca de 15.000 m², guarnecido com mais de 250 mil livros, auditório, estúdios de som, salas multiuso, laboratórios, cafeteria, restaurante, jardim suspenso, pátio e bicicletário. Um espaço público acessível, que estimulava a convivência e o aprendizado.

Desenhar ambientes coloridos e atraentes para crianças e adultos foi um pedido da Secretaria de Cultura, que valorizava a sintonia com as ruas da região carioca do Saara, adjacente à Biblioteca. Bel seguiu a orientação à risca, mas em visita ao espaço, após o fim da obra, confidenciou à Lilian Nóbrega, amiga e colaboradora no projeto, que achava que havia exagerado nos tons vibrantes. Ambas, porém, respiraram aliviadas ao ver a biblioteca lotada de gente e de livros, no emocionante dia da inauguração. Estava no ponto. "Quando li a crítica ao projeto [publicada na revista *Bamboo*], fiquei feliz em constatar que essa percepção não havia sido só minha, mas que o resultado final tinha sido, sem dúvida, um sucesso", avalia Bel.

Imagens dos espaços de leitura, convivências e acervos da Biblioteca Parque Estadual (BPE), Centro, Rio de Janeiro

efêmeros

Em botânica, efêmeras são aquelas flores que desabrocham e murcham no mesmo dia. Já em interiores, são chamados de efêmeros aqueles projetos que têm, de antemão, data definida para serem desmontados: eventos, cenários, estandes em feiras. Por essa razão, projetos dessa natureza podem, e muitas vezes devem, ser mais experimentais e criativos. Representam uma oportunidade para pensar novas possibilidades, ritmos e, ainda, testar diferentes materiais.

artefacto

Vitrine Mostra Artefacto, 2004

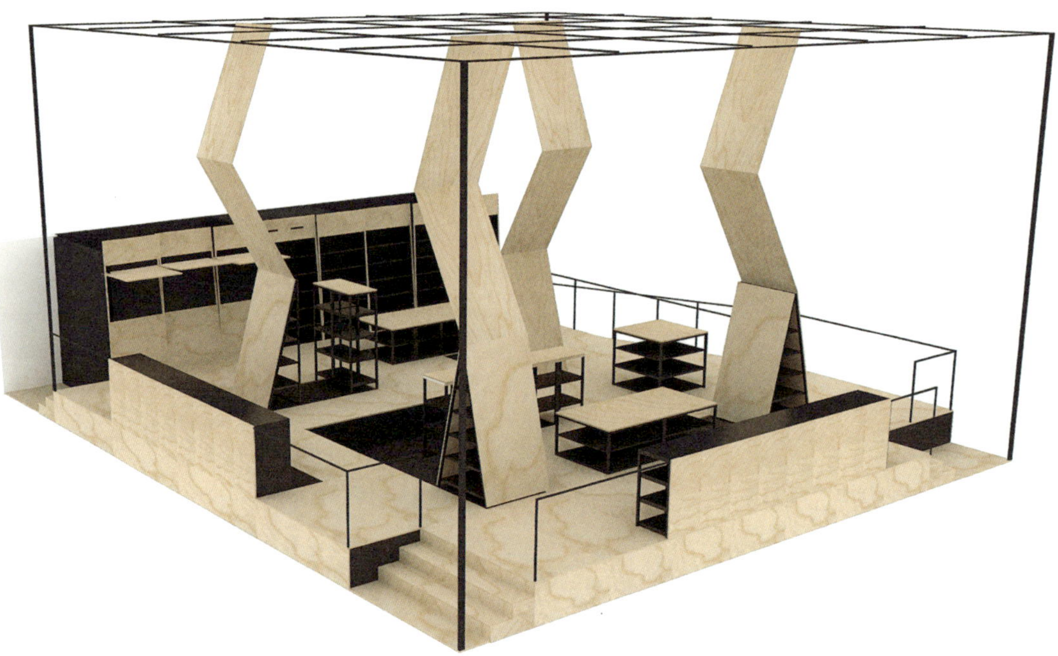

estande zahar

3D do projeto para a editora Zahar.
Vencedor do Prêmio Melhor Estande
da Bienal do Livro, 2015

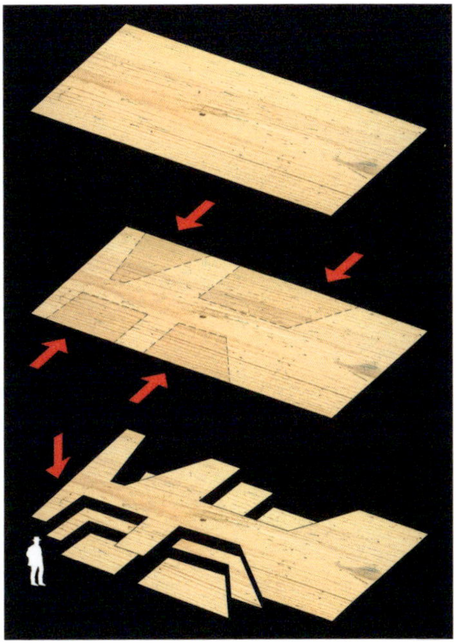

estande livraria da travessa

3D do estande para a Livraria da Travessa, na SP-Arte, São Paulo, 2012

cenários

Quando o tema é cenário para teatro, Bel tem uma parceria de longa data com o ator e diretor Bruce Gomlevsky e sua Cia Teatro Esplendor. Para ele já ambientou as montagens de *Línguas estranhas*, *Renato Russo*, *O diário de Anne Frank*, *Volta ao lar*, *O funeral*, *Festa de família* e *Demônios*. Uma experiência diferente da outra e, como ela define, todas essenciais para soltar a mão, largar os vícios e deixar a imaginação fluir sem amarras – só com os desafios de prazo e orçamento.

Cenário para *O diário de Anne Frank*.
Direção de Bruce Gomlevsky (2010)

Alto, à esq., cena da peça *O funeral* (2014)

À esq., centro e abaixo, cenário e cena da peça *Festa de família* (2009)

Acima e ao lado, cenário da peça *Demônios* (2016)

Esboço de cenário e fotos de cena do espetáculo *A volta ao lar* (2012). Direção de Bruce Gomlevsky

espaço deca

Casa Cor, 2011

fumoir

Casa Cor, 2005

sala de leitura

Casa Cor, 2015

café

218-219 obra

Casa Cor, 2017

ao vivo

e a
cores

Ivonesyo
09.07.2015

decora e lá fora

No fim de 2010, Bel recebeu um chamado inusitado: um teste para ser a nova apresentadora do *Decora*, programa de reformas no canal por assinatura GNT. Atravessando um momento em que estava decidida a experimentar coisas novas e a, como ela mesma define brincando, "dizer sim pra tudo que parecesse divertido", fez o teste e passou. O começo, porém, não foi fácil. Bel também não imaginava que iria precisar ausentar-se tanto do escritório, que estava a pleno vapor e, na época, contou com Bob para ajudá-la a "equilibrar todos os pratos".

Aquarela de Ivonesyo Ramos feita durante a gravação do programa *Lá fora*, Parque Dois irmãos, Rio de Janeiro

Há muitos anos envolvida com projetos para o varejo, o programa representou um estímulo para voltar a desenvolver soluções para espaços residenciais. Da experiência com as lojas, trouxe a agilidade e o olhar treinado para criar ambientes que valorizassem a identidade de cada morador. No entanto considerava que o contato com os personagens era muito breve e sentia necessidade de conhecê-los melhor antes de desenvolver os projetos. Pedia então que lhe entregassem uma "caixa de referências", com imagens e objetos que os representassem, o que contribuía para chegar a resultados mais bacanas. Era a forma simples e eficiente de Bel se aproximar dos personagens e decifrar seus desejos. O *Decora* tornou-se muito popular e fazia, curiosamente, grande sucesso

Decora, episódio "Copa dos irmãos nordestinos", Andaraí, Rio de Janeiro

"Não sabia lidar com roteiro, não sou atriz, só sabia ser eu mesma. E acho que o programa foi ficando mais bacana à medida que eles foram confiando e me deixando dizer que errei, falar bobagem..." Bel

Acima, *Decora*, episódio "Estúdio do I hate flash", Arpoador, Rio de Janeiro

Ao lado, *Decora*, episódio especial de fim de ano, "Creche", Engenho de Dentro, Rio de Janeiro

"Era um programa de decoração, de reforma, demorei pra entender por que as crianças gostavam tanto. Após uma palestra que dei, uma menina veio falar comigo e a mãe comentou que a filha achava que o que eu fazia no programa era mágica."
Bel

Decora, antes e depois, episódio "Conjugado da Geane", Rio de Janeiro

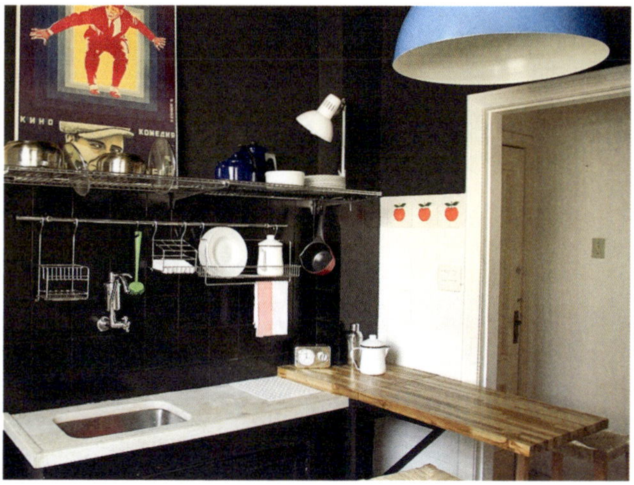

entre as crianças. Bel lembrou na ocasião que, ainda na década de 1970, era fascinada pelos truques de Samantha, protagonista de série de televisão *A feiticeira*, que resolvia os problemas com uma torcidinha de nariz, e se divertiu ao ver-se no imaginário infantil como a personagem que a encantou na infância. Entretanto, aqui, o passe de mágica era, claro, efeito da edição. Na "vida real", havia uma equipe de dezenas de profissionais trabalhando até oitenta horas seguidas para que cada episódio ficasse pronto. Depois de sete temporadas conciliando a rotina na TV com a jornada no escritório –

Decora, antes e depois,
episódio "Cozinha do Breves",
Copacabana, Rio de Janeiro

ainda apresentou o *Lá Fora*, versão do *Decora* para a temporada de verão, em que ela e sua equipe renovaram espaços de uso comunitário. A partir de então, Bel resolveu dar um tempo longe da televisão para se dedicar mais a outros projetos. Porém, a fama de feiticeira a acompanha até hoje. O *Decora*, definitivamente, fez dela uma celebridade.

Making of com participantes e equipe, programa *Lá Fora*, episódio "Colônia de pescadores de Paquetá", Paquetá, Rio de Janeiro

Lá Fora, episódio "Minhocão", Gávea, Rio de Janeiro

a casa lar

60s
A psicologia das cores
WOODY ALLEN
VERY SMALL SHOPS
Atlas de detalhes construtivos
travel
The Back Issue

Combina?
Está se usando?
É errado? Qual a altura?
É feio? Qual a distância?
É cafona?
Não tem certo e errado.
Os melhores projetos da be.bo.
seguem a intuição, a emoção
e não regras ou tendências.
Não tem cor do ano, não tem
móvel certo, não tem estampa
na moda. As pessoas têm que
seguir seu *feeling* e perder o medo.
Medo de tinta, de cor, de mudar.
Transforme, ouse. Faz um bem danado.
Ninguém nasce com *feeling*.
Você constrói um repertório
e vai criando suas soluções.
Seja fiel ao que te emociona.
Só assim um ambiente ganha
personalidade.

Fragmento da palestra de Bel

Página anterior, alto, à dir., e página seguinte, apartamento de Bel e Bob no Leblon, Rio de Janeiro

JUNK
REMATERIAL
Ron Arad
A MATERIAL LIFE
KENGO KUMA COMPLETE WORKS
BASQUIAT
sh Kapoor

Bel e Bob concordam que uma parte essencial do seu trabalho é saber ouvir os clientes, principalmente quando se trata de desenvolver projetos residenciais. Logo nos primeiros encontros que antecedem a elaboração de estudos para uma casa ou apartamento, são postos na mesa os sonhos, as expectativas, os receios e a dinâmica de cada família.

"Quem nos procura geralmente já conhece bem o estilo do trabalho que fazemos, que se caracteriza por um visual clean e contemporâneo, mas também quente e aconchegante. Preferimos formas simples, materiais descomplicados, móveis com linhas retas e sem muito desenho", enumera Bel.

Nessas reuniões com clientes, segundo eles, o mais importante é escutar de forma atenta, para interpretar sinais e desejos nem sempre explícitos, e algumas vezes até mesmo mediar pequenos conflitos que surgem no caminho.

Apartamento de Marcelo Gorin,
Ipanema, Rio de Janeiro

Mergulhar na intimidade alheia pode ser um processo fascinante, mas é preciso ter jogo de cintura: "Às vezes, acabamos de conhecer a pessoa e me vejo tendo que perguntar se ele prefere usar duchinha ou bidê", diverte-se Bob, que sabe que tem o dom para enxergar novas - e mais interessantes - configurações em qualquer ambiente em que adentre.

"Recentemente, fui no apartamento de um futuro cliente, no Arpoador, e, em poucos minutos, vi que seria necessário repensar todo o potencial do espaço. Propus inverter a área social e de serviço, levando em conta o estilo de vida, a incidência de luz, a melhor vista. Às vezes, é necessário ser radical e mudar tudo de lugar", conta Bel.

Acompanhado sempre de muito investimento e expectativa, o período de projeto e obra acaba envolvendo alguma tensão, mas os arquitetos garantem que chegar ao resultado desejado compensa: "A melhor parte é ouvir que a vida está melhor e mais gostosa na casa nova. E perceber que o lugar virou um verdadeiro lar!", finaliza.

Apartamento de Helinho,
Gávea, Rio de Janeiro

AYLMER
Canadian
PEACHES
TUNET
LA CARTOUCHE DE QUALITÉ
TECNO

B & B

Abram alas! Loas
para Bel e Bob!

Quando Bel e Bob
lançam mãos à obra

tudo se desdobra
em delicadezas.

Todo pobre é nobre
toda pedra é móbile

quando Bel e Bob
lançam obra à obra.

Bel e Bob brilham
bolam mil belezas

e o que fosse triste
ganha mel e bossa.

Bel e Bob brincam
bolem com o óbvio.

Para Bel e Bob
roubo de Bandeira

(porque não sou bobo)
o modo mais certo

para defini-los:
ei-lo: belo belo.

Para Bel e Bob
mando muitos beijos

mando mil abraços
para Bob e Bel.

Eucanaã Ferraz

Apartamento de Eucanaã
e Graça, no Flamengo,
Rio de Janeiro

Casa da Manu, Alto da
Boa Vista, São Paulo

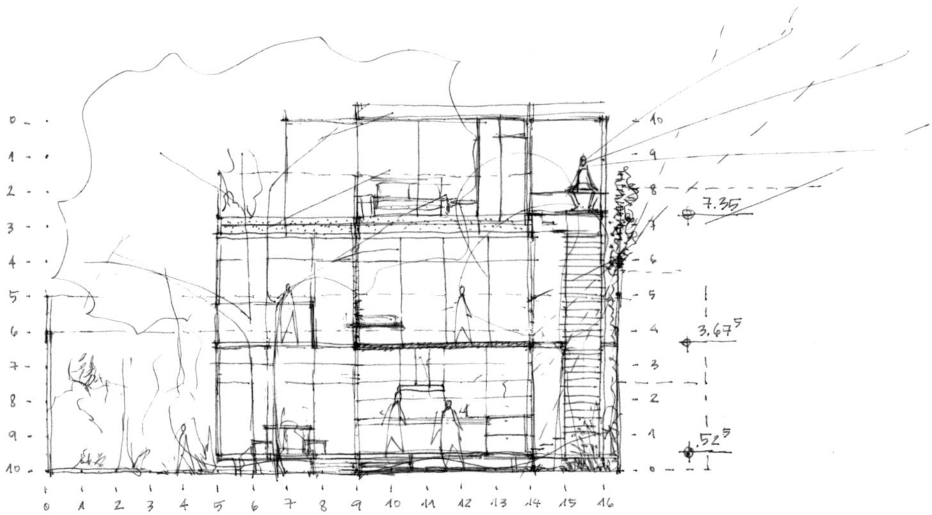

casa da mangueira

Em 2015, Bel e Bob compraram um galpão de materiais de construção em uma vila no Horto, onde existia uma mangueira centenária aprisionada entre paredes e concreto. Só se via a copa despontando para fora do teto de zinco. Aos poucos, Bel foi retirando o telhado, quebrando os pisos, liberando a árvore e semenado um jardim com grama e mudas de plantas. O galpão continua lá, porém menor; ganhou móveis, geladeira e é palco de festas, ensaios e encontros de família e amigos. Os trinta anos de Bel e Bob juntos foram festejados ali, em janeiro de 2018, com direito à projeção do filme do casamento, dança e caipirinha. O espaço já tem o projeto pronto – desenho de Bel – para se transformar na casa deles, carinhosamente conhecida como a casa da mangueira; e em breve irá pousar, com delicadeza e simplicidade, sobre esse belo quintal florido.

O galpão, a mangueira, Bel e Bob, Jardim Botânico, Rio de Janeiro

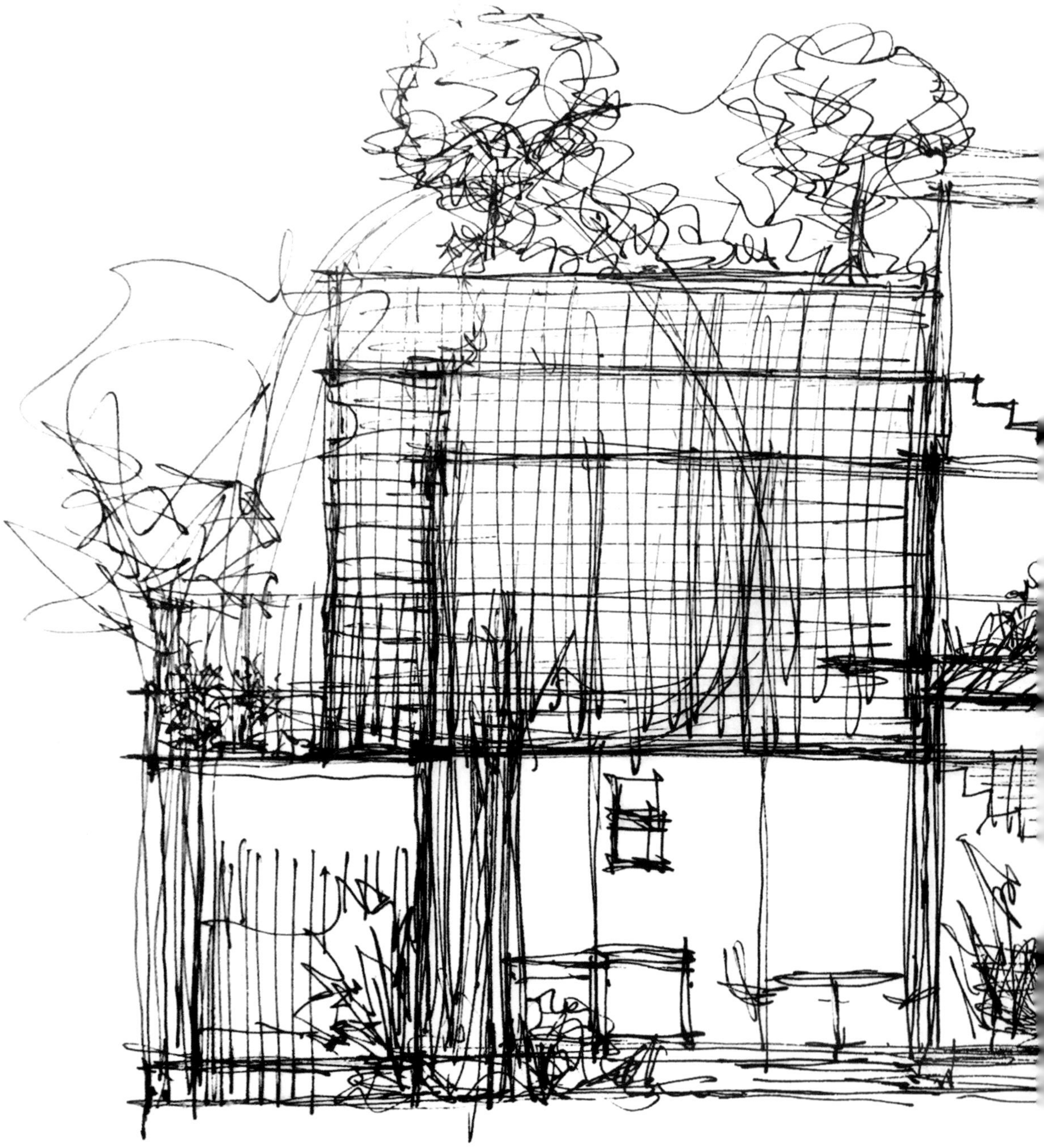

Estudo de Bel para a casa da mangueira

piscina
no meio
com
concreto
reflexo

8 **bel**

36 **bob**

52 **belbob**

68 **os frutos**

82 **be.bo.**

vi

O projeto de um livro sobre a parceria entre Bel e Bob começou com a tentativa de organizar e separar em pastas distintas, digitais e físicas, trinta anos, muito bem ilustrados, de histórias e projetos. Nesse processo, frequentemente, surgia a dificuldade em categorizar o que era "Bel", o que era "Bob", o que era "Vida" e o que era "Obra". Quando a casa vira escritório, quando os clientes viram amigos e os amigos viram clientes, quando o marido vira sócio e os filhos viram parceiros de projeto, quando viajar é se inspirar (e portanto trabalhar) e quando trabalhar é muitas vezes viajar (e sempre se divertir), não tem jeito: vida é obra mesmo.

Os capítulos ganharam aqui nomes diferentes – bel, bob, belbob, be.bo. – mas voltam sempre para a mesma história: a de duas pessoas que se esbarraram, se apaixonaram e, juntas, construíram um projeto de vida que transborda emoção, beleza e sensibilidade.

Entrem e fiquem à vontade.

da

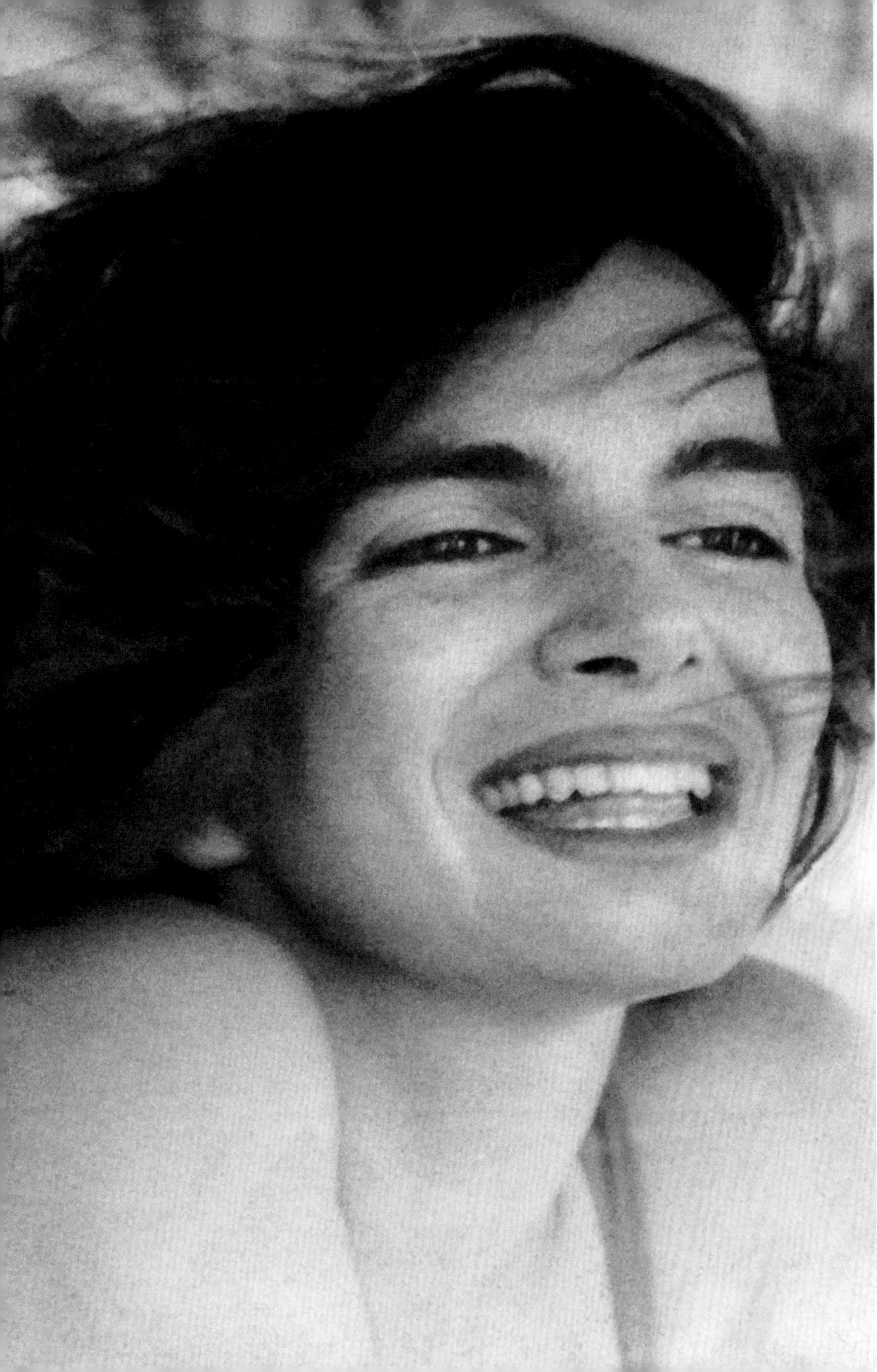

bel

Maria Izabel da Silveira Lobo Magalhães de Oliveira. Capricórnio com ascendente em Sagitário. Carioca, nascida em 1960. Lugar: Arpoador, cedinho; Cosme Velho, dia; Horto, fim de tarde.

A casa era simples, em uma vila de Botafogo, bairro de classe média na Zona Sul carioca. A família, grande. Bel, a terceira filha entre sete irmãos, era a mais velha das meninas. O pai era aviador da aeronáutica, e a mãe, dedicada e amorosa, cuidava da prole. As diversões eram poucas e muitas: o orçamento contado restringia o gasto com programas mirabolantes. As crianças passavam tardes inteiras brincando na vila em que moravam ou inventando histórias e cenários num universo paralelo e lúdico. Bel adorava especialmente quando chovia e sua mãe deixava que brincassem com os lençóis que, amarrados às beliches, formavam espaços imaginários como casas, restaurantes, igrejas e escolas. Depois, para que arrumassem tudo, ela prometia um bom mingau de chocolate.

À esq., Bel nos anos 1990

Alto, as mulheres da família: Natahyl com as três filhas, Zana, Bel e Ana, no Parque da Cidade, Rio de Janeiro

"Nossa casa era permeada por camadas de histórias. Eu ouvia vozes, achava que eram fantasmas. Paredes geminadas de vila davam nisso, um misto de curiosidade, medo e excitação. Mais tarde entendi que o som vinha dos vizinhos. Meu avô se mudou com a família para lá na década de 1950 e meus pais foram morar ali pouco depois de casados. A casa foi sendo adaptada de forma improvisada para aconchegar todo mundo: dividiam quartos com armários. Camas, gaveteiros, móveis herdados ou comprados se apertavam para comportar nossas vidas. Nada combinava com nada. Tenho uma

"Meu pai era o tipo de homem que consertava de tudo. Minha mãe desenhava, aquarelava, costurava, fazia nossas roupas. Acho que foram eles que nortearam meu olhar para um universo prático e estético."

lembrança de, aos nove anos, ter pintado – usando as tintas que haviam sobrado de uma geral na casa –, com a ajuda de minhas irmãs e do meu pai, nosso quarto todo de branco, unificando assim as diferenças de estilos e épocas. Senti um alívio imediato de uma aflição que nem sabia que tinha. Quando terminamos, meu pai me levou numa floricultura perto de casa e escolhi papoulas amarelas e laranjas para colocar em um vasinho próximo à janela. Toque final de um dia feliz", lembra Bel.

Em plena época da ditadura, o pai de Bel, um humanista, não concordava com a cena política. Amigos preocupados o aconselharam a sair do Rio

Alto, a família Lobo reunida em Botafogo

Acima, os irmãos Doza, Lim, Bel e Zana na vila de Botafogo com uniforme da escola Joaquim Nabuco

Alto, à esq., Bel, aos 7 anos, pronta para o carnaval

À esq., pai de Bel, José Adozindo

"Havia tempo de sobra. O mundo era mais tranquilo e éramos felizes naquele lugar tão particular."

por uns tempos. A família se mudou da vila de Botafogo para Belém do Pará e ali, em uma cidade menor, a casa em que foram morar se transformou em um mundo de possibilidades para as crianças se esbaldarem. Tinha jardim com gramado e um grande bambuzal onde galinhas, patos e coelhos transitavam livremente. Bel, que chegou lá com doze anos, lembra especialmente de uma manhã quando seus irmãos a chamaram para ver uma revoada de borboletas amarelas cruzando o quintal por quase cinco minutos. Uma cena linda, marcante. A casa, muito bem projetada para o clima equatorial, tinha varanda em toda a volta, esquadrias brancas de venezianas articuláveis, tela para mosquitos em todos os vãos. A qualidade de vida ali ficou impressa em sua memória, exercitando um olhar crítico para o espaço em que vivia. Havia horizonte, céu aberto, e as vozes que a assombravam na casa de vila de Botafogo se transformaram no canto suave dos animais no quintal. Esse era um lar de verdade, e Bel, adolescente, adorou experimentar a vida simples, descomplicada

Alto, Lim, Bel, Zana, Ana, Zeco e Pedro: piquenique no quintal

Alto, à dir., foto tirada por Bel no Mercado Ver-o-Peso, em Belém

e provinciana da capital paraense, com seus hábitos, linguajar e frutas típicas. Mais do que isso, o que a encantava era estar tão próxima da floresta amazônica. Descobriu que viver junto à natureza, para ela, era algo essencial.

"Havia tempo de sobra. O mundo era mais tranquilo e éramos felizes naquele lugar tão particular. Ficamos em Belém por seis anos e nos mudamos uma vez: a segunda casa tinha dois andares e era mais próxima do centro", conta Bel. Ainda morando ali, aos 16 anos, chegou o momento de escolher o que iria fazer na faculdade: "Primeiro veio à cabeça Psicologia, porque sempre me achei meio maluca e seria um jeito de me entender melhor. Nas férias, Neca, amiga fera em Física e Matemática, matérias que eu adorava, vinha direto me visitar trazendo seu material de desenho. Um dia, entediada, comecei

Bel em Belém
anos 1980

"O desenho passou a fazer parte do meu dia a dia, como uma necessidade, um vício."

14-15 vida

também a rabiscar e ela me chamou a atenção: 'Belinha, você sabe desenhar, poderia estudar Arquitetura.' Tinha feito um esboço do jardim e achamos o resultado muito bom. Fomos conversar com sua mãe, arquiteta, e saí de lá direto para mudar minha opção do vestibular. O desenho, a partir daí, passou a fazer parte do meu dia a dia, como uma necessidade, um vício."

Bel passou em segundo lugar para Arquitetura, na Universidade Federal do Pará (UFPA), e, para ter certeza de que não seria mesmo o caminho a seguir, fez uma matéria do curso de Física e tirou isso da cabeça. Encontrou-se nas aulas de Projeto, Desenho e Urbanismo. Era esse o seu lugar no mundo. Durante o primeiro ano na faculdade, a família resolveu que era hora de voltar para o Rio, precisamente para um apartamento alugado em Ipanema. Bel veio junto. Pediu transferência para a Universidade Federal do Rio de Janeiro (UFRJ) e conseguiu a vaga. Aos dezoito anos, no início da década de 1980 e com um Brasil emergindo dos anos negros da ditadura, se tornou aluna da Faculdade de Arquitetura e Urbanismo (FAU), na Ilha do Fundão. Encontrou ali gente de todo tipo: os focados, os malucos, os artistas. Bel se encaixava em todos

À esq., recém-aprovada na Faculdade de Arquitetura, em Belém

Ao lado, Bel em ação no Coro Come

os grupos. Era certinha por natureza, boa aluna, mas percebeu que a veia artística pulsava e ia além dos desenhos que preenchiam folhas e folhas dos seus cadernos. Descobriu o canto. Em 1981, com amigos, montou um coral, inspirado no Cobra Coral, formado na Cultura Inglesa, que se apresentava com sucesso pela cidade. Contrataram, juntos, um regente. Nascia assim o Coro Come, que se transformou em grupo badalado da agenda cultural carioca, com shows lotados e um público jovem, entusiasmado e antenado. Bel era uma das sopranos na fila da frente e chamava atenção com o timbre suave que interpretava as canções de Caetano Veloso, Tim Maia, Luiz Melodia e até sinfonias de Mozart.

"Foi uma experiência incrível. Éramos uma trupe unida e animada. E o legal é que tinha certo empreendedorismo cultural nesse grupo de amigos. Fizemos muitos shows, alguns lendários no teatro do Planetário da Gávea à meia-noite. Há dez anos, depois de um longo período parados, mas ainda próximos, a gente voltou a se encontrar para cantar. Só pelo prazer de estar junto. Digo que o coral me abriu para uma vida mais solta e me fez enxergar um lado mais transgressor. Eu era muito certinha, mas sempre acreditei que a vida deveria ser mais ampla, mais múltipla", conta Bel.

Alto, cartaz do show do Coro Come

À dir., foto de divulgação do Coro Come, nos anos 1980

Em 1981, com amigos, montou um coral, inspirado no Cobra Coral, formado na Cultura Inglesa, que se apresentava com sucesso pela cidade. Contrataram, juntos, um regente. Nascia assim o Coro Come.

"Digo que o coral me abriu para uma vida mais solta e me fez enxergar um lado mais transgressor. Eu era muito certinha, mas sempre acreditei que a vida deveria ser mais ampla, mais múltipla."

É assim que, quando perguntam para Bel sobre sua formação em Arquitetura, a resposta sempre envolve campeonatos de futebol, ensaios de coral, uma forte ligação com artes plásticas e amizades para a vida toda. Mais do que um período de formação profissional, a faculdade foi um tempo determinante para expandir seus horizontes, olhares e sensibilidades. A arquitetura foi, de certo modo, o fio condutor de grande parte da sua história e sempre foi levada muito a sério. Porém, apesar de falar com admiração dos colegas apaixonados pela profissão e que estão frequentemente discutindo algo sobre o tema, reconhece que esse nunca foi seu caso. Bel sempre nutriu uma infinidade de interesses e nunca encarou trabalho e vida pessoal como realidades separadas – mas como dois aspectos conectados que se alimentam mutuamente e que precisam estar em equilíbrio para que as coisas dêem certo.

Quando faltava um ano para terminar o curso, Bel estava totalmente voltada para a vida artística. A arquitetura tinha ficado em segundo plano. Era época de experimentar intensamente a cena cultural carioca, as apresentações do coral, os ensaios, as festas e o grupo. Suas notas na faculdade continuavam boas, mas chegou até a "contratar" uma estagiária para desenhar o trabalho de uma das matérias e abriu o jogo para a professora, conquistando os pontos por sua

À esq., Bel numa sessão de fotos para a marca de roupas Liquidificadoidos, nos anos 1980

Alto, Bel em ensaio fotográfico feito pela amiga Suely Mesquita

franqueza. E foi também com os amigos da faculdade e do coro, Marcelo Carneiro e Claudia Grangeiro, que começou a tocar a primeira obra: um ateliê, que serviria como espaço de trabalho para os três e local de ensaio para o grupo. A oportunidade apareceu porque o trio estava desenvolvendo um projeto para o tio do namorado de Bel na época e, como pagamento, havia recebido um pedaço do terreno dele, em Santa Teresa. Como ainda eram estudantes, usaram a verba conquistada numa inusitada participação representando a FAU em um programa de auditório – *Batalha dos astros* –, para dar o pontapé inicial na empreitada. A competição – apresentada por Miele, na década de 1980, na TV Globo – era uma espécie de gincana em que anônimos encaravam celebridades em um jogo de perguntas e respostas.

"No Batalha dos Astros, tínhamos que responder questões de conhecimento geral, muito chute certeiro. E nossos

"No *Batalha dos Astros*, tínhamos que responder perguntas de conhecimento geral, muito chute certeiro. E nossos adversários eram atores de novelas da Globo. (...) Mas deu para faturar uma bolada, que serviu para começar o projeto do ateliê."

adversários eram atores de novelas da Globo, lembro que enfrentamos a equipe de *O bem-amado*. Conseguimos ganhar umas 27 bicicletas, carros, armários embutidos, violões e máquinas de imprimir camisetas. Era divertidíssimo e impressionante como acertávamos tudo. Depois de termos arrasado os adversários umas três vezes, não nos deixaram mais participar. Mas deu para faturar uma bolada, que serviu para começar o projeto do ateliê. Vários professores nos deram uma consultoria informal e até as portas do Cinema Rian, que ficava na avenida Atlântica, em Copacabana, e tinha acabado de ser demolido, resgatamos para o projeto", recorda Bel.

O dinheiro terminou antes de acabar a obra. Marcelo e Claudinha tinham mais fôlego financeiro, mas Bel precisou procurar trabalho para continuar o projeto. Estava ainda cursando a faculdade, os estágios eram mal remunerados, e o futuro se materializou no meio da rua, em um impulso, quando passava em frente à Richards, badalada loja de roupa masculina em Ipanema. Entrou e deixou seu nome. Foi chamada para uma entrevista, fez um montão de provas – cobravam conhecimento sobre tipos de linho, estilos de sapatos – e acabou sendo contratada como vendedora para o ponto recém-inaugurado no BarraShopping. Ali, Bel descobriu que tinha facilidade

Alto, à esq., reprodução de tela do Programa de TV "Batalha dos astros". Bel representando a FAU-UFRJ

À esq.,Bel e a irmã Ana na obra do ateliê de Santa Teresa

Alto, Bel, Bob e Claudinha Grangeiro na praia da Joatinga

Estava ainda cursando a faculdade, os estágios eram mal remunerados, e o futuro se materializou no meio da rua, em um impulso, quando passava em frente à Richards.

em sugerir composições com as peças – e isso ajudava a vender. Era algo intuitivo. Também percebeu que não conseguia ficar parada, esperando os clientes entrarem. Estava frequentemente arrumando a loja, posicionando as araras e corrigindo a iluminação.

"Nesse momento, eu não sabia bem o que queria – mas sabia o que não queria", reconhece.

O ateliê, nesse meio-tempo, ficou pronto. Bel, recém-formada, e Marcelo acabaram vendendo a parte deles para Claudinha. Era o momento de começar a trabalhar de verdade, assumir a profissão. Bel saiu da Richards, se envolveu em pequenos trabalhos, até que uma amiga comentou que a arquiteta Lia Siqueira procurava uma sócia. Decidiu, então, bater na porta e se candidatar. O ano era 1985 e Lia estava com um projeto de uma casa no Jardim Pernambuco, no Leblon, precisando de ajuda. A dupla se uniu – e a química funcionou.

"Nossa parceria deu muito certo. Eu gostava mais de arquitetura e a Lia, naquela época, era bem focada em interiores. Aprendi demais com ela, foi uma sociedade bacana. Trabalhamos juntas cerca de dois anos", conta Bel. Mas o coral continuava a toda e Bel ficava dividida em como se dedicar

Alto, a primeira carteira de trabalho de Bel

À dir., Bel com seus sócios do ateliê: Marcelo Carneiro e Claudinha Grangeiro, nos anos 1980

aos dois trabalhos. Influenciada por Lia e pelo pai, viu que era hora de começar para valer "a vida adulta" e largar a trupe. "Mas não foi fácil, os amigos continuavam todos lá, inclusive o Bob, ex-companheiro de faculdade, com quem 'ficava' direto na época, mas não assumia um namoro sério. Eu e ele abríamos o show juntos, com um número teatral, em que eu gesticulava escondida, fazendo as mãos dele. Enfim, a falta daquela rotina lúdica, divertida, me consumia."

Em 1987, Ricardo Ferreira, dono da Richards, ofereceu para Bel um novo posto na empresa, como arquiteta *in house*, contratada. Ela ficou na dúvida, ainda era sócia da Lia, propôs que contratassem Bob, então seu namorado, arquiteto como ela. Não colou. E o assunto ficou por isso mesmo. Um dia, curiosa, acompanhou Lia em uma consulta a uma cartomante, dona Marli, no bairro da Muda, Zona Norte carioca. E foi ali, em um papo descompromissado com a vidente, que ouviu que estava grávida de um mês, de um menino. O que soou como profecia era pura realidade.

"Não fazia parte dos meus planos ter filho naquele momento, pretendia passar uma temporada na Itália, muitos sonhos pela frente. Mas estava grávida

e não conseguia pensar em outra coisa. Minha irmã Zana foi a primeira pessoa a quem contei. Forte e amiga, ela disse de cara: 'Vamos ter!' Encorajada, fui falar com o Bob, que levou um susto, mas topou a parada. Com tanta novidade na cabeça, achei que era hora de seguir meu caminho, mudar de vida e ter mais autonomia."

Bel saiu então da sociedade com Lia com poucos clientes, pensando em seguir uma atividade com seu ritmo e ir morar com Bob. Quando viu a barriga crescendo e o trabalho minguando, ficou preocupada. Resolveu ligar para Ricardo Ferreira e perguntar se ele ainda a queria como arquiteta da Richards. Como estava grávida, propôs não tirar licença-maternidade. Ele topou, e lá foi ela desenvolver os projetos das lojas do Shopping Iguatemi, em São Paulo, e Fashion Mall, no Rio. Sua primeira experiência para valer desenhando arquitetura comercial começou aí. Ficou tensa, insegura, mas com Ricardo aprendeu a criar uma história para cada ambiente e imprimir personalidade em espaços abertos e dinâmicos.

"Antes de todas essas mudanças, ainda incentivada por Lia, havia marcado meu primeiro mapa astral. Lembro até da data da consulta: 12 de janeiro de 1988. A astróloga era famosa e havia agendado com seis meses de antecedência.

Alto, em Nova York, Sandra Graham e Bel, grávida de João, com o reflexo de Ricardo Ferreira tirando a foto, em 1988

E foi ali, em um papo descompromissado com a vidente, que ouviu que estava grávida de um mês, de um menino. O que soou como profecia era pura realidade.

Acho que a peguei em um dia ruim, meio mal-humorada. Estava com quatro meses de gravidez, ia casar com o Bob, e cheguei lá com dúvida se optava por arquitetura ou teatro. Ela foi categórica: Arquitetura! E disse que o meu casamento não iria durar nem um ano! Contei para o Bob e ele disparou: "Então vamos aproveitar!", lembra, sorrindo.

Casaram-se em uma improvisada e divertida festa, com direito a performance do Coro Come, vestido de noiva feito pela amiga e estilista Liana Padilha, e Bob vestido em um blazer emprestado da irmã Alcyone.

Em maio de 1988, recém-casada e com sete meses de gravidez, Bel foi para Nova York com Ricardo e Sandra Graham, sua esposa e sócia na época, fazer pesquisa de referências. A viagem foi superprodutiva, visitaram inúmeras lojas: Paul Smith, Barneys, Ralph Lauren. O casal voltou antes e Bel ficou mais um dia. Na saída de uma livraria, tropeçou na rua e começou a sentir contrações. Entrou no avião absorvida em uma

Alto, Bel e João recém-nascido

"Talvez tenha sido nesse momento que me senti realmente apaixonada pelo Bob. Porque ele virou o provedor, o protetor. Tomou conta de nós e assumiu parte do meu trabalho na Richards, principalmente a parte de garimpo, a busca de móveis e objetos antigos, algo que ele descobriu saber fazer como ninguém."

Acima, Bel, Bob e João, em 1988

À dir., foto automática com Bel, Bob e amigos em Petrópolis

respiração ritmada, que aprendeu nas aulas preparatórias para o parto de cócoras. Quando aterrisou, praticamente esqueceu do incidente. Foi direto trabalhar. Estava gostando da rotina, mas preocupada de não dar conta, era uma experiência nova e tinha um filho chegando. No sábado seguinte, depois de um show com amigos no Parque da Catacumba, na Lagoa, seguiu para o Baixo Gávea. Ali, enfim, a bolsa d'água estourou. João nasceu prematuro, de cesariana, e foi para uma clínica onde ficou internado por alguns dias. O hospital não permitia que os pais ficassem junto do bebê. Bel tomou a iniciativa de tirá-lo de lá e colocou-o em uma clínica onde era possível estar sempre a seu lado. Uma vigília, até vê-lo mais forte.

"Talvez tenha sido nesse momento que me senti realmente apaixonada pelo Bob. Porque ele virou o provedor, o protetor. Tomou conta de nós e assumiu parte do meu trabalho na Richards, principalmente a parte de garimpo, a busca de móveis e objetos antigos, algo que ele descobriu saber fazer como ninguém", conta Bel.

Quando saíram do hospital, com o João no colo, Bel e Bob foram passar um tempo hospedados na casa dos pais dela que, na época, viviam em um condomínio na Barra da Tijuca. Para trabalhar, ela deixava o bebê com a mãe e se deslocava para a casa do Ricardo, bem próxima. Logo tiveram que voltar para o apartamento em que viviam, em Laranjeiras. Apesar de sentir que

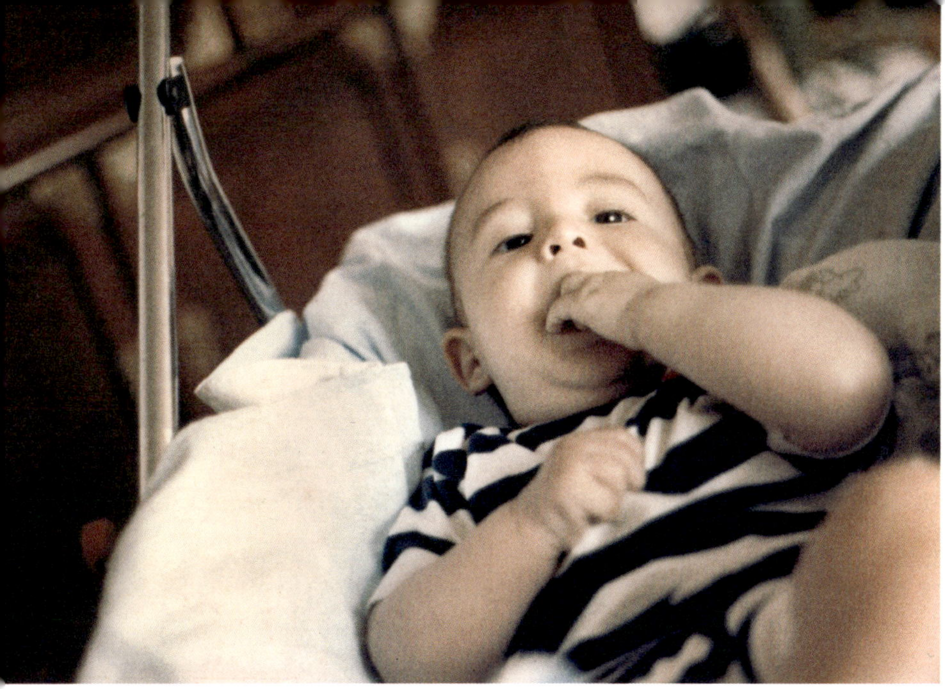

"Saí para cuidar do meu filho, mas aquela curta experiência me abriu muitas portas. Quando alguém sabia que havia trabalhado como arquiteta da Richards, logo me convidava para fazer uma loja. Era um ótimo cartão de visita".

tinha um compromisso assumido com a Richards e que pretendia honrar, o escritório da marca era no Engenho Novo, Zona Norte da cidade, longe, e João, recém-nascido e prematuro, demandava carinho e cuidados. Em um determinado momento, cansou da loucura, do cansaço, de se sentir ausente como mãe e resolveu deixar o emprego. E foi então que Bob assumiu de vez o seu lugar, e ali ficou por quase vinte anos.

"Saí para cuidar do meu filho, mas aquela curta experiência me abriu muitas portas. Quando alguém sabia que havia trabalhado como arquiteta da Richards, logo me convidava para fazer uma loja. Era um ótimo cartão de visita", pontua Bel, que seguiu trabalhando para alguns

Alto, Antonio recém-nascido

À dir., o circo montado por Bel para o aniversário de 2 anos de João

amigos e parentes até que, em 1989, um vizinho do seu pai a contratou para fazer uma delicatéssen em um condomínio na Barra. "Chamei então meu amigo Marcelo Carneiro para dividir a empreitada comigo e começamos uma sociedade, a Carneiro e Lobo, com escritório montado em um quarto alugado na casa da minha irmã, que morava no meu prédio. Fizemos vários projetos bacanas até que, em 1991, fomos convidados por Maurício Nóbrega, arquiteto que na época era gerente de expansão da Mesbla, para entrar para a equipe de criação do grupo. Marcelo aceitou na hora e eu não."

Na época, Bel amamentava Antonio, o segundo filho, recém-nascido, e não queria repetir o início conturbado que teve com João. Mas, depois de um tempo, percebeu que sozinha não daria conta dos projetos. Antonio tinha dois meses, ela, o peito cheio de leite. Mesmo assim Bel acabou voltando atrás e se uniu à equipe da Mesbla. A experiência ali durou um ano e meio, até o fim. de 1992, quando a loja fechou as portas. Assim que ficou desempregada, Marcelo e Lilian Sampaio (arquiteta que havia conhecido na Mesbla e era casada com seu primo) a chamaram para uma nova sociedade, que seria a Carneiro, Lobo e Lobo. Foi convidada também, em seguida, para ser arquiteta *in house* da Sacada (loja de roupa feminina) – mas não aceitou nenhuma das duas propostas. Sabia que precisava dar um tempo para cuidar dos filhos e de si própria. Bob estava bem na Richards e conseguiria segurar a onda.

Foi nessa época que um vizinho astrólogo, com quem Bel foi se consultar, decretou: "Você perdeu o trem do trabalho e pode ser difícil achar de novo..."

O nome veio de uma memória de infância: desde pequena, vivia respondendo 'Z', quando perguntavam se o seu Izabel era com z ou com s. E teve também o incentivo de uma tia do Bob. 'Ela havia estudado numerologia, garantiu que Z era uma letra que dava muita sorte. Ela estava certa!'

Bel ficou assustada e resolveu procurar a cartomante da Muda, dona Marli, a mesma que havia tempos avisara da gravidez do João. Ela foi mais positiva: "Nada disso. Esse pessoal da loja que te chamou para trabalhar vai te procurar de novo. Do jeito que você quer." Dona Marli tinha razão, Bel confirma. "Poucos meses depois, a Sacada me convidou, com melhores condições, para desenvolver o projeto de uma loja em Ipanema, e acabei ficando lá entre 1993 e 1994. Foi uma experiência bacana, deu certo. Mas resolvi sair, queria de novo ser dona do meu tempo. Já havia percebido que não ficava feliz em emprego fixo, com horário e rotina."

Bel montou um escritório no seu apartamento de Laranjeiras e, para dar conta do trabalho que aparecia sem parar, chamou amigos para parcerias. Criou o nome Z Arquitetura e Design quando foi obrigada a colocar placas nas obras que fazia para as lojas no Shopping Rio Off Price, em Botafogo, na época recém-inaugurado. O nome veio de uma memória de infância: desde pequena, vivia respondendo 'Z', quando perguntavam se o seu Izabel era com z ou com s. E teve também o incentivo de uma tia do Bob. "Ela havia estudado numerologia, garantiu que Z era uma letra que dava muita sorte. Ela estava certa!"

Em pouco tempo, a Z Arquitetura começou a crescer, e Bel, cheia de projetos,

À dir., planta da sede do escritório da Z Arquitetura e Design, em Ipanema

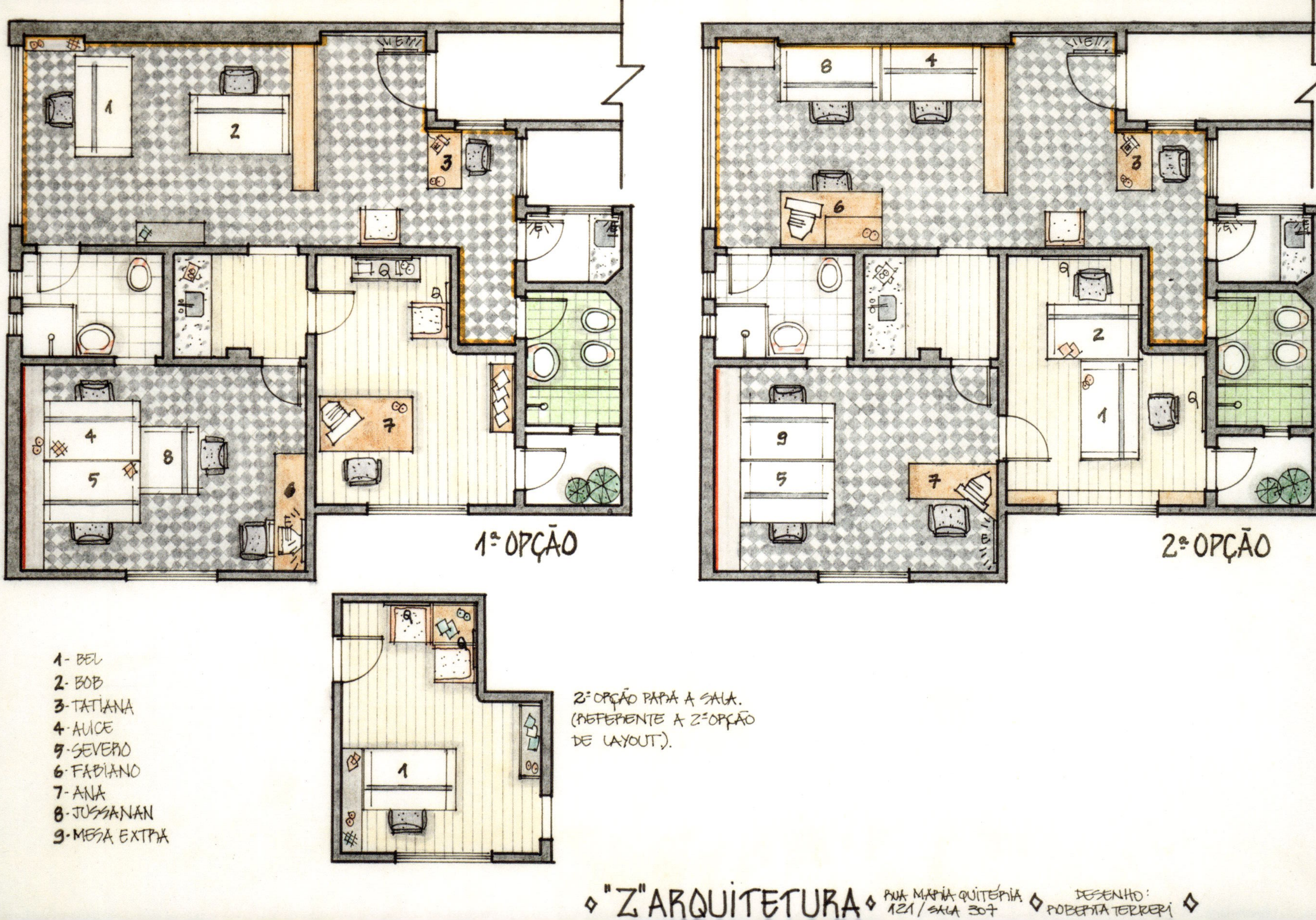
1ª OPÇÃO
2ª OPÇÃO
1- BEL
2- BOB
3- TATIANA
4- ALICE
5- SEVERO
6- FABIANO
7- ANA
8- JUSSANAN
9- MESA EXTRA
2ª OPÇÃO PARA A SALA. (REFERENTE A 2ª OPÇÃO DE LAYOUT).
"Z" ARQUITETURA
RUA MARIA QUITÉRIA 121 / SALA 307
DESENHO: ROBERTA TERRERI

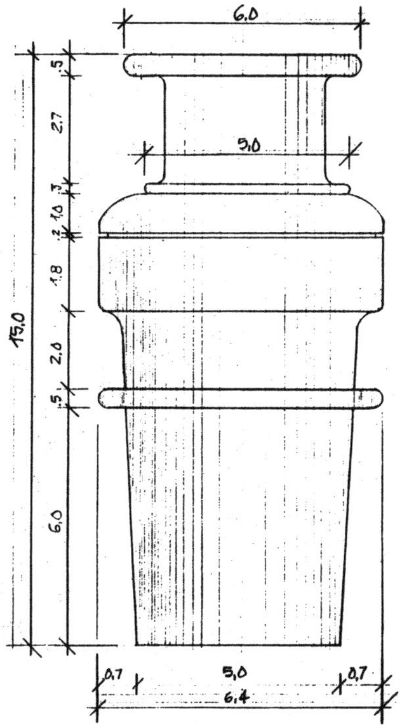

"Eu chegava em casa e o meu jovem estagiário estava jogando videogame com os meninos, depois de ter acabado com o sorvete no congelador. Aquilo não ia dar certo. Peguei um jornal e saí direto para ver uma sala em Ipanema. À noite, quando Bob chegou, já estava com o espaço alugado."

Z

ARQUITETURA
E DESIGN

chamou Severino Tenório, que havia conhecido na Mesbla, para trabalhar com ela. Um dia, Bob chegou com a encomenda de desenvolver um conceito para uma loja de colegas que haviam saído da Richards e estavam montando seu próprio negócio: foi assim que Bel ajudou a criar a Totem, no shopping Ipanema 2000, em um ponto nobre do bairro. Como trabalho chama trabalho, logo vieram outras lojas: Eliza Conde, Salinas, Eclectic, Trinidad, todas no mesmo endereço. Quando Severino foi se juntar à equipe de Bob, na Richards, Bel resolveu contratar um estagiário, e foi ele o responsável para que, enfim, tomasse a iniciativa de tirar a Z Arquitetura de casa.

"Eu chegava em casa e o meu jovem estagiário estava jogando videogame com os meninos, depois de ter acabado com o sorvete no congelador. Aquilo não ia dar certo. Peguei um jornal e saí direto para ver uma sala em Ipanema. À noite, quando Bob chegou, já estava com o espaço alugado. E minha irmã, a designer Ana Tereza, veio trabalhar comigo."

Aos poucos, Bel foi contratando mais gente e alugando mais salas no mesmo prédio, um imóvel antigo e simpático na rua Maria Quitéria, entre a Lagoa e a praia, em Ipanema. Sua mãe, que sempre a ajudara, cuidando de João e Antonio, não estava mais tão disponível, e a rotina foi ficando complicada. Em 1998, Bel e Bob resolveram que era hora de se reestruturar e começaram a procurar uma casa para comprar, onde Bel pudesse juntar moradia e trabalho. O tempo que perdia diariamente

À esq., desenho técnico para detalhes de marcenaria feito pela Z Arquitetura

Alto, marca da Z Arquitetura e Design

"Se o caminho é um passeio, o fim é todo o meio."

cruzando a Zona Sul era precioso. Encontraram um imóvel em uma rua tranquila do Cosme Velho, com 500 m², original de 1930, reformado nos anos 1970 por Sérgio Bernardes. Uma joia, com estética modernista, quase nada para fazer, persiana de vidro retrátil, visual clean, árvore no quintal vizinho emoldurada na janela. As crianças foram estudar no Colégio São Vicente de Paulo, pertinho, e ela instalou o escritório em um *open space* no último piso.

Mas a convivência família-trabalho não foi das mais fáceis. A empregada chamando lá de baixo, "dona Bel, quer lanchinho?!", no meio de uma reunião importante, e a pouca privacidade a fizeram decidir por transferir a equipe para um imóvel ao lado. Em 2005, quando Bob deixou a Richards e veio se juntar ao escritório, Bel conseguiu, enfim, convencer a família a se mudar para o Leblon, em um prédio pertinho da praia, onde poderiam ter uma rotina mais gostosa e saudável. O escritório voltou para a casa com ares modernistas, na bucólica rua Marechal Pires Ferreira, próxima do bondinho do Corcovado – onde está até hoje.

Alto, casa da be.bo.: projeto de Sérgio Bernardes

À dir.,Bel no escritório do Cosme Velho

“Eu sempre fui quieto, mas não era aquele típico inibido. Muito pelo contrário, adorava uma cena e um bom flerte com a plateia.”

bob

Robert John Reid Neri.
Capricórnio com ascendente em Peixes.
Paulista, nascido em 1961 (13 dias mais novo que Bel).
Arquiteto + Ator + Cantor = Artista.

Bob tinha dezoito anos quando viu Bel na faculdade pela primeira vez. De cara, ficou encantado: ela era linda e havia uma afinidade evidente. Viraram grandes amigos. Foram fazer coral juntos, se aproximaram mais ainda, viraram parceiros. De repente, eles "ficaram" pela primeira vez. Na saída de uma apresentação do Coro Come no teatro do Planetário, na Gávea, começaram a se agarrar no banco de trás do carro. Os amigos fingiram que não viram, mas ali a história começava. Existia um mundo de afinidades e interesses em comum, cantorias, festas. Entre ela e Bob havia uma atração, uma relação livre, sem compromisso. Depois de um ano juntos, ela ficou grávida. E, a partir daí, tudo mudou.

À esq., Bob aos trinta

Alto, Bob no Colégio Dante Allighieri, aos 5 anos

Apesar de estudar Arquitetura, Bob se via em outra praia, mais próxima do Posto 9 e do clima descontraído do verão carioca. Gostava de teatro, de cantar e, desde cedo, na escola bilíngue, era dispensado pela professora das aulas de francês, língua que dominava, com o compromisso de montar uma peça de Molière no final do ano. Tinha a impressão de que a universidade seria apenas um diploma guardado na gaveta. Nos longos períodos de greve da UFRJ, aproveitava para estudar dança. Fazia três aulas por dia – com Michel Robin do Grupo Coringa, Graziela Figueiroa, Carijó e Laura Proença, que foi primeira bailarina da companhia do coreógrafo Maurice Béjart. Escolheu Arquitetura por acaso, depois de uma visita à casa projetada por Eduardo

Alto, Bob e a irmã Alcyone na praia de Copacabana, Rio de Janeiro

Alto, à esq., os avós de Bob: Steve e Flora

Longo, na praia de Pernambuco, no Guarujá, levado por uma tia que gostava de apresentá-lo a lugares interessantes. Ficou impressionado com o que viu e guardou na memória a sensação de que desenhar moradias poderia ser um caminho. Ainda mais quando não fazia a menor ideia de que caminho escolher.

Embora paulista de nascença, Bob era um típico carioca, disposto a passar, sempre que possível, o dia inteiro na praia. O cabelo louro e a pele clara vinham dos antepassados escoceses: o bisavô por parte de pai, de quem herdou o nome, veio para o Brasil e fundou as cidades de Campos de Jordão e Olímpia, em São Paulo. Até hoje, tem cinema e praça com o nome dele por lá. Bob é o filho do meio de três irmãos, sendo que a mais velha, Alcione, é a única mulher. Depois dela, vem Marcelo. O mais novo, Guilherme, morreu cedo, não resistindo a um surto de meningite, em 1975. Sua mãe, doente de câncer, faleceu três meses depois. A família sofreu um baque, se desestruturou, e o pai, executivo da área de marketing, casou de novo duas vezes. E teve mais um filho, André, o caçula.

Alto, Bob, Marcos, Bel e Marcelo
na Prainha, Rio de Janeiro

"Meu pai sonhava que eu estudasse para ser diplomata, mas escolhi Arquitetura. Fiz alguns estágios durante a faculdade e trabalhei com um tio em uma empresa de avaliação de imóveis. A sensação que eu tinha é que dificilmente seguiria a profissão que escolhi. Levei sete anos para me formar e cursei um período na África do Sul, em Joanesburgo, pois meu pai morou lá por alguns anos. Participava ativamente do Coro Come, um envolvimento que durou seis anos, muitos planos na cabeça, uma atração pelo palco. Quando um dos solistas morreu de Aids, em 1986, resolvemos parar. Um tempo depois, com tudo meio indefinido, a Bel engravidou e levei um susto. Tinha que tomar um rumo", lembra Bob.

Com Bel na Richards e um filho a caminho, Bob trabalhava em tudo o que aparecia. Tinha desistido de teatro e dança como opção de carreiras profissionais. Fazia pequenas reformas, procurava bicos, dava aulas de inglês, inventava sociedades com amigos. Uma empreitada que criou, logo que se formou, foi a empresa de "arquitetura esporádica", com os parceiros Marcelo Herszage, Marise Neuman e Isabela Urman.

"De certa forma, sei que tive várias sortes pelo caminho. Primeiro de cruzar com a Bel, que adorava arrumar a vida de tudo e todos e, desde cedo, me apontou um rumo. Juntos, construímos uma família. Depois, de encontrar o Ricardo, da Richards, e ver que ele acreditava que minhas ideias malucas eram possíveis".

Montavam estandes em feiras, coisas pequenas. Se reuniam, trabalhavam e se divertiam.

Quando João nasceu, Bob, que já estava envolvido nos projetos da Richards, assumiu definitivamente o lugar de Bel na empresa. Ali encontrou um jeito muito próprio de fazer arquitetura, criando uma história para cada loja que desenvolvia. Descobriu, de cara, que tinha o dom para desenhar espaços acolhedores, que deixavam o cliente à vontade para relaxar no sofá enquanto escolhia uma camisa. Comprar, na linguagem de Bob, se tornou uma experiência das mais prazerosas, sofisticadas e interessantes.

A parceria de Bob e Ricardo na Richards funcionou imediatamente. Bob tinha bom gosto, sabia apreciar o que era bacana e entendia a arquitetura como uma história a ser contada. Ricardo, por sua vez, empreendedor e visionário, queria criar nas lojas uma atmosfera com fundamento clássico, mas autêntica, carioca, descontraída.

À esq., Bob e Bel chegando para o show do Coro Come no Planetário da Gávea, anos 1980

Alto, João com Bob em Embu das Artes, em 1990

Apostavam em um visual relaxado, um espaço onde coexistissem coleções de objetos – antigos e novos – nas prateleiras. Barcos, varas de pescar, globos, tudo o que remetesse a férias, a lazer sofisticado: essa passou a ser a marca registrada da Richards. Bob era quem fazia o garimpo, definia os materiais, criava cantos aconchegantes para os clientes se sentirem em casa. Para isso, frequentava as feirinhas de antiguidades no mundo todo em busca de peças descoladas. Com uma rotina estabelecida, tinha horário para entrar e sair, equipe e salário no fim do mês. E funcionava bem assim.

"Lembro de uma vez, logo que comecei a trabalhar, que eu e Ricardo fomos juntos para São Paulo, por conta de uma loja no Shopping Iguatemi prestes a ser inaugurada. Uma tia, que morava lá, tinha um MP Lafer conversível. Achei que faria bonito me oferecendo para levá-lo na Fenit, feira de moda em um bairro distante. Peguei o carro da minha tia e lá fomos nós, com a capota abaixada, dirigindo por São Paulo. Ficamos completamente perdidos, demos inúmeras voltas e não conseguíamos encontrar o lugar certo. Depois de algumas horas rodando por uma região meio estranha, o Ricardo falou 'Bob, cansei. Me larga aqui, que pego um táxi'", conta Bob, bem-humorado.

Um senso de humor dos mais apurados é, sem dúvida, a palavra-chave

Alto, Bob posa para a campanha da Richards

À dir., Bob em Edimburgo, Escócia

"Gosto de uma arquitetura que funciona como um cenário, de improviso. Incidental, menos formal."

para entender o espírito de Bob, que não demonstra qualquer constrangimento em rir de si próprio. Admite que fazia de tudo para conquistar o chefe, interpretando suas "ordens" ao pé da letra. Na primeira viagem de pesquisa, quando foi sozinho para Nova York, Ricardo recomendou que ele não medisse esforços para conhecer a cidade de ponta a ponta. Bob não se fez de rogado: alugou um helicóptero.

Foi um período de muitas viagens: Inglaterra, Escócia, Caribe e Paris; com a família e a trabalho. Em cada lugar, havia algo para descobrir: uma feirinha de quinquilharias, um brechó sob medida para garimpos. Nessa época, ele se tornou também um habitué do mercado de antiguidades da Praça XV, no centro do Rio: colecionava globos, cadeiras e até ventiladores. Ficou viciado, chegava às 5h da manhã para não perder as melhores ofertas.

"Fui desenvolvendo uma paixão por objetos de diferentes épocas. Criei vários acervos, peças que eu juntava de maneira compulsiva. Acho que tudo, quando vira uma coleção, passa a fazer sentido. Se torna uma massa visual interessante no ambiente."

Na década de 1990, muitos momentos de crise atingiram o varejo, com

queda de vendas e demissões. Mas Bob conta que Ricardo sempre o poupava. "Ele sabia que eu era um fútil necessário", brinca Bob, que ajudava também o marketing a conceituar e vender a ideia de cada coleção. Participava dos catálogos, fazia produção para fotos. "Ricardo me dava a maior força e o seu lema era 'pira aí, vai'", lembra ele.

Em 2005, Bob se viu acomodado, com uma rotina sem novos desafios. Ele já vinha fazendo projetos paralelos e parcerias com Bel. O próprio Ricardo tinha comentado que entenderia se resolvesse dar um tempo. Até ali, eram dezoito anos de convivência intensa.

"Fui desenvolvendo uma paixão por objetos de diferentes épocas. Criei vários acervos, peças que eu juntava de maneira compulsiva. Acho que tudo, quando vira uma coleção, passa a fazer sentido."

À esq., em Paris, 1991

Alto, as coleções de Bob, uma mania

Foi nesse momento que Bob tomou coragem, saiu da Richards e foi ser sócio de Bel, que já tinha até mudado, há tempos, o nome do escritório para Bel Lobo e Bob Neri Arquitetos. Junto com Bob, se juntou à empresa a designer Mariana Travassos, braço direito do casal e hoje coordenadora da equipe do escritório, que passou a ter, a partir desse momento, a Richards como cliente.

"Muita gente achava que ia ser complicado trabalhar com a Bel, já tão estabelecida, dona do seu pedaço há tempos. Mas ela me recebeu de braços abertos. Aos poucos, conseguimos chegar a um acordo sobre a melhor forma de funcionar. Tentamos tocar os próprios projetos. O ideal é buscar, cada um, o que lhe traz mais prazer, sem abandonar a base, nossa especialidade, que é arquitetura comercial", diz Bob.

Bel ficou superfeliz com a decisão. Era a chance de ter um sócio, de se sentir mais solta, de conseguir entregar o escritório para alguém que saberia tocá-lo como ela: com intuição e bom senso.

"Fiquei animadíssima com a notícia, banquei a sociedade, mas logo percebi

"Muita gente achava que ia ser complicado trabalhar com a Bel, já tão estabelecida (...). Mas ela me recebeu de braços abertos."

que realmente não seria fácil. Bob estava entrando em um ambiente estabelecido, ainda sem o seu lugar, parecia que eu tinha contratado um arquiteto caríssimo. Achei que era o momento de dar um tempo e aceitei o convite para ajudar na reforma de uma 'ruína' que uma amiga havia comprado na Provence, deixando o Bob assumir a cena, sem eu estar por perto. Foram dois meses sabáticos, férias. Outubro e novembro de 2005. Estudei francês, viajei, mas em muitos momentos me senti sozinha. Ligava para ele e falava 'vou voltar'. E Bob respondia: 'Não, fica aí'. Quando cheguei, ele tinha virado o senhor da situação. E resolvemos que a melhor forma de trabalhar era cada um ter os seus clientes. Em alguns casos, no entanto, os projetos são feitos em parceria e envolvem toda a equipe", conta Bel.

Juntos no mesmo escritório, logo entenderam que dividir a mesma sala não seria uma boa opção. Bob resolvia

À esq., Bel e Bob na sala de reunião da be.bo.

Alto, Bob em viagem ao Japão, em 2015

muitas coisas por telefone, Bel gostava de silêncio para trabalhar. Decidiram também que cada um atenderia clientes diferentes, assim, dividiriam as responsabilidades sobre o escritório e eventualmente também momentos iniciais de criação, mas teriam autonomia para tocar os projetos à sua maneira.

A relação de Bob e Bel com clientes é quase sempre de estreita amizade. Entre os muitos amigos que fizeram ao longo dessa estrada está Rui Campos – marido da Ana Landim, integrante do Coro Come –, da Livraria da Travessa. A proximidade é tão grande que Rui chamou Bel e Bob para serem sócios da loja do Centro do Rio, no belo prédio do Instituto do Patrimônio Histórico e Artístico Nacional (Iphan) na avenida Rio Branco. Na época, fim dos anos 1990, Rui tinha acabado de reformar a Travessa da travessa do Ouvidor, não tinha caixa para mais uma obra e não queria perder a oportunidade de se instalar no imóvel tombado. Convocou a dupla e ofereceu uma porcentagem no negócio, uma sociedade. Eles toparam e até hoje brincam que, em troca,

Alto, os amigos Rui Campos, Ana Landim, Andrea Canto, Bob e Bel

À dir., fachada da Livraria da Travessa de Ipanema

ganham desconto nos livros e um pinga-pinga do que sobra dos lucros. Por sinal, foi em uma viagem para a Itália que, juntos, tiveram a ideia de instalar um restaurante na nova Travessa que pretendiam abrir em Ipanema. E aí chamaram o Bazzar, também cliente e amigo de longa data de Bel e Bob.

"O primeiro Bazzar foi montado em uma casa na Lagoa, da família de Cristiana Beltrão, e seguia um conceito mais provençal, com paisagens pintadas nas paredes. Aconchegante. O imóvel foi vendido e eles se mudaram para a rua Barão da Torre, em Ipanema. Ali optaram por um projeto mais limpo e contemporâneo. Com eles, rola uma parceria de sucesso. Temos muitas histórias assim, quando ajudamos também os clientes a conceituar o *branding* da marca", explica Bob.

Bob garante que, apesar das crises, dos prazos apertados e concorrências disputadas, os dois conseguem se divertir trabalhando e mantêm uma leveza na casa do Cosme Velho. Entendem que um pouco de estresse faz parte da engrenagem – mas o que importa é manter um clima gostoso e tentar relaxar nesse ambiente onde passam a maior parte do dia. Incluem, na rotina do escritório, aulas de ioga e, no passado, havia ali também, no terceiro piso, atividades de dança e encontros do coral. Quem

"O cliente que dá certo é aquele que está junto, que investe, dialoga e troca. Quanto mais estamos próximos da cabeça do negócio, melhor o resultado."

se juntou à equipe e já vem assumindo grandes responsabilidades é o João, filho do casal, que estudou arquitetura na mesma UFRJ.

"João tem personalidade forte e é tinhoso que nem a Bel. Vai longe. Foi ele quem nos levou para o Japão, principalmente para conhecer a obra do arquiteto Sou Fujimoto, que admira muito. Em um momento, acabamos seguindo os filhos, e isso traz um frescor, uma renovação. O Antonio estudou cinema, passou um tempo na Inglaterra, e hoje se juntou a Bel no programa que ela pretende lançar em breve. São dois homens bacanas, amigos, ótimas companhias", elogia o pai.

Com a vida bem resolvida, recentemente Bob se sentiu mais solto para investir em um prazer antigo: o palco. Frequentando há quatro anos as aulas de teatro na Casa de Cultura Laura Alvim, no início de 2017 foi convidado para atuar profissionalmente na peça *Perdoa-me por me traíres*, texto de Nelson Rodrigues e direção de Daniel Herz. Ficou preocupado se daria conta de assumir o papel de um político tarado, mas foi em frente. Ensaiou diariamente e encarou o desafio. E quem estava na plateia, em praticamente todas as apresentações, era Bel. Feliz da vida de vê-lo tão bem, solto, seguindo o caminho que, de certa forma, era um sonho antigo.

Juntos, eles continuam sonhando.

Alto, Bob no espetáculo *6x Nelson*, com Pedro Alegre, em 2016

À dir., Bob no escritório da be.bo., no Cosme Velho

"Ela é a mola propulsora que aponta caminhos para todos nós." Bob

"Ele é a razão, o pragmático. Talvez seja justamente isso que me permite ser mais solta e viajandona." Bel

"Eles são totalmente diferentes, mas se completam e se entendem. A estética é a nossa língua comum e a química funciona – no escritório e em casa." João, filho e arquiteto da be.bo.

"Tive uma sorte danada de nascer nessa família meio riponga, fora dos padrões. Juntos, nos divertimos muito, sempre." Antonio, filho e cineasta

belbob

Quando soube que estava grávida, Bel correu para contar para os seus pais que, confiantes no discernimento da filha, a apoiaram em todos os sentidos e só pediram que acelerasse a obra que estava fazendo na antiga casa de vila da família, em Botafogo. Seu Adozindo e dona Natahyl se assustaram com a chegada do neto, mas cuidaram para que tudo transcorresse da forma mais tranquila possível. Apesar de não levar uma vida certinha e muito convencional, Bel sempre teve a cabeça no lugar, e eles sabiam disso. Bob, por sua vez, escutou do pai que era melhor casar logo. Marcaram a data para 29 de janeiro de 1988. João, o filho na barriga, nasceu em seguida, no dia 22 de maio, e significou o início de uma vida comum que já dura trinta anos.

Cenas da festa de casamento: a grande noite de 29 de janeiro de 1988

À esq., o casamento, 1988

Entre tantas histórias que marcaram a trajetória de Bel e Bob como marido e mulher, parceiros e sócios, eles adoram mostrar a "prova" de como tudo começou: pequenas fotos em preto e branco, emolduradas e expostas na parede do apartamento onde vivem, no Arpoador. Nelas, Bob, na época, com uma carinha de menino, apresentava um show do Coro Come. Escondida atrás dele, uma pessoa gesticula como se fosse os seus braços. A cena, cômica, marca o início de um caso de amor. Foi ali, fazendo a cena "das mãozinhas", na abertura do espetáculo, que Bel e Bob se apaixonaram. Começaram a namorar, casaram, tiveram dois filhos e escreveram juntos uma trajetória repleta de afinidades. Há dez anos voltaram com os encontros do Coro Come – por pura diversão e com novo repertório, que inclui Björk e Nirvana, com arranjos e regência de Fernando Morello. Confessam que continuam os mesmos: fãs de uma rotina caseira, com encontros, amigos, cantorias, ioga, cachoeiras, mato, praias e nada mais.

O Amor não sabe esperar: Bel e Bob interpretando Os Paralamas do Sucesso

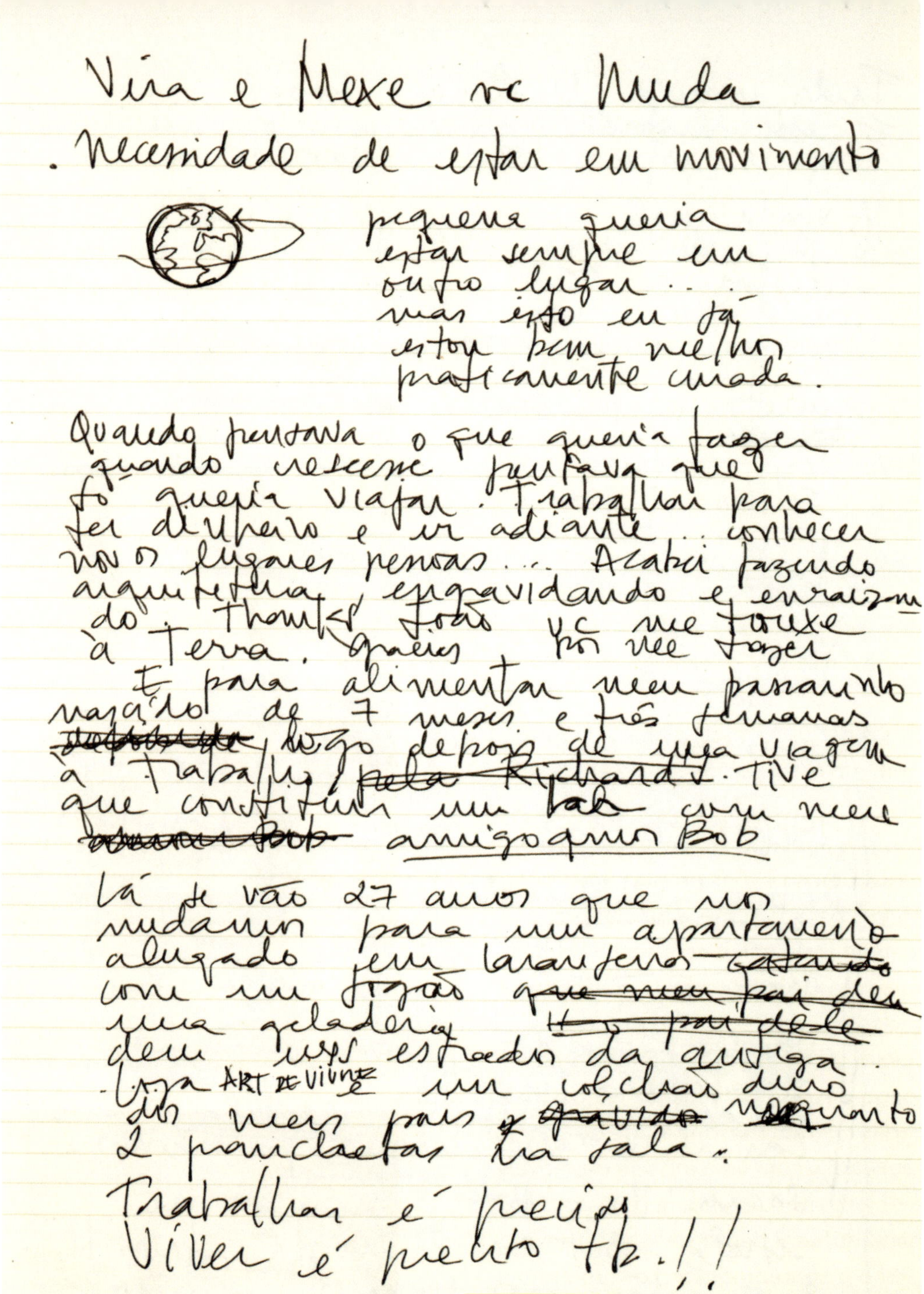

Vira e Mexe vc Muda

. Necessidade de estar em movimento

pequena queria
estar sempre em
outro lugar...
mas isso eu já
estou bem melhor
praticamente curada.

Quando pensava o que queria fazer
quando crescesse pensava que
só queria viajar. Trabalhar para
ter dinheiro e ir adiante... conhecer
novos lugares pessoas... Acabei fazendo
arquitetura, engravidando e enraizan-
do. Thomaz João vc me trouxe
à Terra. Graças por me fazer
E para alimentar meu passarinho
nascido de 7 meses e três semanas
~~[illegible]~~ logo depois de uma viagem
à trabalho ~~pela Richard~~. Tive
que constituir um ~~[illegible]~~ com meu
~~[illegible] Bob~~ amigo amor Bob

Lá se vão 27 anos que nos
mudamos para um apartamento
alugado em Laranjeiras ~~[illegible]~~
com um fogão ~~que meu pai deu~~
uma geladeira ~~e o pai dele~~
deu umas estrados da antiga
loja ART DE VIVRE e um colchão duro
dos meus pais ~~e [illegible]~~ no quarto
2 pranchetas na sala.

Trabalhar é preciso
Viver é preciso tb.!!

À esq., cena de Bel e Bob no
Coro Come, anos 1980

Acima, página de caderninho de Bel

Quase tudo no universo de Bel e Bob tem história. O sofá com design de Jorge Zalszupin, na sala, foi um achado para o qual muitos não davam nada, já que a estrutura estava cheia de ferrugem e o estofado de couro em péssimas condições. A verdade é que os dois sempre conseguiam enxergar além e fugiam de soluções prontas, fáceis. Para eles, o bacana sempre foi comprar e mandar restaurar. É esse senso estético, que valoriza as memórias, permeou todos os endereços onde moraram. Foram algumas casas diferentes ao longo dessas três décadas juntos, mas todas tiveram personalidade de sobra, recheadas com uma mistura de móveis e objetos que revelavam o gosto pelo passado, sem deixar de lado o tom moderno e contemporâneo da arquitetura que assinam juntos.

"Quando a Bel começou a apresentar, em 2011, o programa *Decora*, no canal GNT, precisava de peças diferentes para dar um molho nos ambientes. Passou a ir com mais frequência, comigo, cedinho, na Praça XV. Acho que sozinho ali eu ficava mais solto. Com a Bel, virei controlador, porque ela gastava horas papeando e sempre entregava o jogo quando gostava de algo. Só ouvia ela gritando 'que lindo!!' e os olhos da galera brilhando. Comprava coisas caras: portas, sofás, *brises* de madeira. Eu tinha um lema: só levava o que conseguia carregar no carro. A Bel saía de lá com dois fretes, sem o menor problema. Tem até a história da luminária do Tenreiro, que custava uma pequena fortuna, que ela encontrou em uma loja na rua do Lavradio. Me ligou falando o preço e eu quase caí para trás – era o valor de um carro popular, um Palio! Mas não teve jeito, Bel levou, feliz da vida, o 'Palio' para casa e está lá até hoje", diz Bob.

Detalhes do apartamento
do casal no Leblon

Assim como colecionavam objetos antigos, Bel e Bob passaram a desenvolver um olhar muito próprio para as artes plásticas. Sem preconceitos e sem levar em conta a máxima dos experts no tema, que garantem que um quadro pode vir a ser um investimento dos mais lucrativos, acumularam um pequeno acervo. Só compram o que os emociona, buscam nomes menos badalados, gente nova. São donos de uma coleção pouco convencional, incluindo obras de amigos como Marcos Chaves, Raul Mourão, Debora Engel, Zemog, Luiza Baldán, Anna Kahn, que espalham pelo escritório e pelas paredes de casa.

"A Bel chegou a trazer uma bicicleta ergométrica antiga para colocar na sala, como uma obra de Duchamp. Não estava nem aí se tinha valor ou não. Teve uma vez que ela se deparou com uma menina novinha, mega talentosa, em uma mostra de alunos do Parque Lage. Trouxe alguns quadros dela para o nosso apartamento, dizendo que a mocinha, Thaieny Dias, tinha o maior talento, que seu trabalho lembrava Francis Bacon. O pior é que, em geral, ela acerta na mosca", comenta Bob.

Donos de uma arquitetura e um olhar artístico fora dos padrões, Bel e Bob também incentivaram os filhos,

"Acho que por eu ser tão solta, acabei transformando o Bob em uma pessoa mais racional e objetiva. De certa forma, ele é quem me dá os limites, e acho que isso funciona bem para mim." Bel

desde muito cedo, a valorizar o prazer de estar juntos em viagens que não se encaixavam na rotina convencional de roteiros "estilo família". Despertaram em João e Antonio o gostinho por destinos que exigissem boas doses de improviso e surpresas. Seja em Matutu, um vilarejo perdido, encravado na serra da Mantiqueira; Ilha Grande, no litoral carioca; ou Japão, do outro lado do mundo – o importante é desbravar e se divertir. Mas, nessas ocasiões, cada um desempenha o seu papel: Bob, em geral, funciona como o organizador, pesquisa o roteiro, marca as passagens, confere as milhas, reserva os hotéis e, dependendo do lugar, reúne mil e um endereços que quer visitar, museus com projetos incríveis, restaurantes badalados. Bel, por sua vez, detesta regras, compromissos e caderninhos lotados de dicas. Uma vez, em Berlim, chegaram a um acordo: metade do dia Bob guiava e, na outra, Bel... não guiava. Quando ela estava no comando da programação, eles andavam sem rumo pela cidade, dispostos a se perder. E ele admite que adorou a experiência.

No início da vida comum – crianças pequenas, foco total no trabalho –, não era tão fácil colocar a família na estrada. Bel lembra de umas férias em que Antonio, na época com oito anos, ficou completamente entediado com o programa de todos os dias: visitar obras, em shoppings, com a mãe. Foi uma temporada em que Bob estava ocupado com aberturas de lojas na Richards, e João, de onze anos, tinha ido para um sítio com amigos. Na volta às aulas,

Páginas anteriores, alto e à esq., Bob e Bel em ensaio, na be.bo.

quando o dever de casa era escrever uma redação contando o que tinha feito durante o mês de julho, ele desabafou: "Minhas férias foram um *piii...* (sic). Só obra, obra, obra. Meu irmão foi para a casa de um amigo, meu pai prometeu me levar para um hotel fazenda, mas viajou a trabalho e não voltou. Minha mãe estava ocupada. Já que foi tudo tão chato, vou contar as férias do meu primo." Bel, quando leu a história do filho, deu a ideia: "Vamos dar um tempo e ir com eles para a Escócia, Inverness, agora em setembro, visitar os seus parentes, Bob? De quebra, podemos parar também em Londres." Essa foi uma das escapadas familiares que todos lembram como uma grande aventura: de carro com direção contrária,

"Esse sentimento de lar alimenta muito todos nós. Mesmo espalhados pelos quatro cantos do mundo, a gente sabe que tem um lugar para voltar." Bel

"Eu não sou um pai grudado, que fica em cima. A Bel é mais amorosa e atenta. Mas estou por perto, e eles sabem que podem sempre contar comigo." Bob

pela Escócia, visitando a tia-avó de Bob que parecia uma personagem de filme. O programa virou também uma temporada de caça a castelos e lagos que apareciam sucessivamente em cada curva do caminho. No rádio, música clássica. Em volta, uma paisagem estonteante.

Outra viagem marcante foi a que fizeram por conta de um prêmio que Bob recebeu, quando a Richards foi eleita a melhor loja no Diamond Mall, em Belo Horizonte, em 1996. As passagens eram para Aruba, e eles resolveram levar os filhos, na época com cinco e oito anos, para conhecer o Caribe e esticar na Disney. O voo começava com uma escala em Caracas, com pernoite. Quando chegaram no aeroporto, na Venezuela, não tinha guichê da Air Aruba. Simplesmente, a empresa não existia ali. Foi um estresse danado, crianças cansadas, todo mundo de saco cheio. Acabaram mudando todo o roteiro inicial e seguindo via Curaçao que, por sinal, foi o lugar mais legal da viagem, "uma total surpresa", garantem.

Nos fins de semana em família, no Rio, os programas incluíam trilhas, com direito à cachoeira na floresta da Tijuca, e dias inteiros na praia. Durante sete anos, dividiram também, com amigos,

À esq., Bob em viagem à Escócia, anos 2000

Alto à esq., João na Disney, aos 8 anos

Alto à dir., João e Antonio em Arraial do Cabo

"Agora, sou a feliz proprietária de um galpão em uma vila, onde uma árvore centenária é a rainha do espaço. Fiz todo o projeto reverenciando esse ser lindo e poderoso." Bel

uma casa alugada na Ilha Grande, de frente para o mar. Quando a propriedade foi vendida, eles se deram conta de como era gostoso estar ali, ter essa convivência leve, fora da rotina, cercados por uma paisagem deslumbrante. Bel pensou em comprar um sítio na serra fluminense, perto de Magé, no meio da mata. Mas acabou desistindo e, anos depois, investiram em um lote no Horto, em frente ao Jardim Botânico carioca, onde pretendem construir, em breve, uma casa pequena, simples e sustentável – com uma grande mangueira no jardim.

"Agora, sou a feliz proprietária de um galpão em uma vila, onde uma árvore centenária é a rainha do espaço. Fiz todo o projeto reverenciando esse ser lindo e poderoso. Tinha também uma mangueira enorme no terreno vizinho da casa do Cosme Velho, onde hoje fica o nosso escritório, a be.bo., e onde moramos por vários anos. Ela era o nosso jardim. Na primeira visita ao imóvel, depois que fechamos negócio, nos deparamos com uns homens pendurados no tronco, fazendo uma poda drástica. Fiquei enlouquecida, comecei a gritar, tentando tirá-los dali. Afinal de

Alto, a mangueira centenária, no Horto

À dir., o galpão em dia de festa

contas, tinha comprado a casa por causa da árvore! Conseguimos fazer com que parassem. E, durante muitos anos, aquela vista da mangueira alimentou minha relação com o lugar. Preciso de verde em volta, é algo essencial para me sentir bem", conta Bel.

Em 2005, o escritório não parava de crescer e, com a entrada de Bob, Bel conseguiu convencer a família a se mudar para um bairro mais próximo do mar, possibilitando que a be.bo. ocupasse a casa toda do Cosme Velho. Alugaram um apartamento no mesmo edifício onde moravam os amigos Rui Campos e Ana Landim, a poucos passos da praia do Leblon. A ideia era usufruir de uma rotina mais saudável: acordar cedinho, dar um mergulho e caminhar com o cachorro no calçadão – por sinal, cães e gatos sempre fizeram parte da família Lobo Neri, que hoje convive com Hugo, gato de estimação, o Daschund Zigg e, na casa de João, com a gata Nélia e o vira-lata Circo. Três anos depois, compraram o

"A casa vai se enfiar dentro da mangueira que toma conta do espaço. Vai ser um lar para ver os netos crescerem e os amigos cantarem." Bob

imóvel do Leblon e, pela primeira vez, se aventuraram a fazer um total quebra-quebra. Apesar de ambos trabalharem com isso, ou justamente por isso, a coisa não correu muito bem.

"É o famoso 'casa de ferreiro, espeto de pau'. Estávamos sempre às voltas com as obras dos clientes e nunca tínhamos tempo para a nossa. Decidíamos muita coisa em cima da hora, íamos marcando as ideias na parede. Demorou dez meses para ficar tudo pronto", lembra Bob.

Não sossegada, assim que soube que um amigo (Raul Mourão) estava liberando uma casa de vila no Horto, já que ia passar uma temporada fora, Bel não pensou duas vezes: resolveu sair do Leblon e alugar o imóvel, com um ar bucólico e um jardim gostoso. O ano era 2013, e a oportunidade de voltar a morar mais próxima da mata se tornou irresistível.

"Bel gosta de mudar, esse é o processo dela. Eu adorava a casa do Cosme Velho, mas ela cansou de viver ali. Fomos para o Leblon e eu me adaptei também, fizemos uma super-reforma e, num dado momento, ela resolveu que precisava de um jardim. Alugou um sobrado numa vila no Horto e se mandou. Realmente, a casa acabou sendo uma experiência maravilhosa para todos nós. Só saímos porque o tal amigo voltou. Essas iniciativas partem sempre dela, e já entendemos que é assim que funciona por aqui", admite Bob.

Preparando a festa de trinta anos de casamento, 28 de janeiro de 2018

Mas quem mostrou para Bel que havia um galpão à venda, na mesma vila em que estavam morando, em frente ao Jardim Botânico, foi Bob. Logo se arrependeu, porque ela enlouqueceu querendo comprar o terreno para construir uma casa. O valor era alto e foi uma negociação difícil – exigiu que vendessem rapidamente o apartamento do Leblon para conseguir a parcela que completaria o sinal. Mas deu certo. Bel fez o projeto e já tem a aprovação para iniciar a construção.

"Mas adivinha se ela já não está querendo mudar tudo? Anda achando as fachadas com um visual duro. Tenho certeza que vai ficar lindo, como tudo que ela faz. A casa vai se enfiar dentro da mangueira que toma conta do espaço. Vai ser um lar para ver os netos crescerem e os amigos cantarem", diz Bob.

os frutos

joão pedro

Desde pequeno, João se via praticamente obrigado a acompanhar os pais, nos fins de semana, nas obras das lojas. Em casa, vivia cercado por ambientes cheios de personalidade. O apurado senso estético foi uma herança genética com a qual aprendeu a conviver muito cedo. Da escolha da peça no guarda-roupa até o desenho riscado no caderno da escola, tudo tinha um sentido, uma beleza. Quase naturalmente, resolveu estudar Arquitetura, apesar de entender que poderia ser um pouco complicado lidar com o fato de ter os pais – conhecidos e bem-sucedidos – na mesma profissão.

Acima, João aos 5 anos

Nascido em 1988, arquiteto, morador de Santa Teresa, dono de Circo, o cão vira-lata, e de Nélia, a gata. Casado com a publicitária Tati Braga e pai da recém-nascida Teresa. Apelido: Juca

"Lembro de uma vez, com seis anos, indo visitar uma loja no BarraShopping com a minha mãe. Estava de saco cheio de esperar e comecei a querer entender o que estava acontecendo ali. Perguntei 'mãe, que buraco é esse estranho aqui?'. Na hora, ela não deu muita bola. Depois, à noite, veio falar comigo: 'Puxa, realmente aquele buraco estava estranho. Você tinha toda razão'", conta João.

No início, João escondia na faculdade quem eram os seus pais. Queria trilhar o seu próprio caminho e tinha consciência que o sobrenome conhecido poderia abrir portas, mas ser também um fardo. No meio do curso, foi para

Acima, aniversário de 1 ano

Alto, João ao lado da mãe na be.bo.

Barcelona fazer um intercâmbio de um ano e, ali, percebeu que tinha um percurso próprio e identidade. Ganhou autoconfiança e relaxou. Começou a curtir o fato de os pais serem Bel e Bob, dois arquitetos múltiplos, antenados e divertidos.

"Acho que eles têm alma de artistas, se reinventam a cada projeto e não são pretensiosos. Fazem uma arquitetura simples e de coração. Genuína. Com eles, descobri o quão é importante ser sincero e lutar pelo que acredito – em casa, no trabalho e na vida em geral", conta João.

João foi o arquiteto do projeto de reforma do apartamento de Santa Teresa, comprado por Bel e Bob em 2010, no mesmo prédio antigo e sem elevador em que moram Zemog e Rita, artistas e amigos de longa data do casal. Quando começou a pensar o espaço, cheio de ideias depois da temporada em Barcelona, decidiu que iria quebrar absolutamente tudo, fazer um reforço estrutural, trocar esquadrias, redividir os ambientes. Deixou a cozinha aberta para a sala, integrada, porque adora reunir amigos ali,

Alto e à dir., apartamento de João e Tati em Santa Teresa. O projeto é assinado por João

e desenhou uma planta ampla, que reverencia a bela vista para a Baía de Guanabara. Bel e Bob, no início, se preocuparam com tanta mudança, custos, mas acabaram respeitando as ideias do filho. Hoje, admitem que ele foi um craque e que o resultado é incrível.

"Morei lá um ano antes de começar a reforma e consegui imaginar exatamente o que queria. A obra foi pesada, mas me fez crescer como arquiteto. E acho que tem a marca registrada e o traço da nossa família, ficou impregnado com as referências que vi pela vida toda", diz João.

Alto, Tati e Circo

Acima, a gata Nélia

"Meus pais se complementam, a gente brinca que são ripongas que deram certo. Cada um tem o seu papel na relação e sabe lidar bem com isso, sem tantas cobranças. Crescemos cercados por uma atmosfera criativa." João Pedro

João diz ter herdado da mãe um jeito de enxergar e equacionar os espaços de forma simples e orgânica – e uma certeza de que deve lutar por tudo que acredita. Do pai, herdou o gosto pela cozinha e por colecionar objetos.

"Com sua intuição, meu pai transforma cada loja em uma casa diferente. Os ambientes são contemporâneos e acolhedores. Confortáveis. Essa linguagem, esse mix bem equilibrado, nasceu com ele. E minha mãe é uma arquiteta que faz poesia com o traço. Enxerga o que poucos conseguem ver".

A convivência com Antonio, o irmão três anos mais jovem, foi das mais tranquilas. Os dois sempre souberam se divertir juntos. Desde cedo, lotavam a casa de amigos para mil e uma atividades: jogavam basquete no quintal do apartamento de Laranjeiras, onde nasceram, e praticavam pingue-pongue na sala de jantar. Hoje, são amigos, têm afinidades e entendem que conseguiram desenvolver uma relação bacana, incentivada por pais próximos e atentos.

"Meus pais se complementam, a gente brinca que são ripongas que deram certo. Cada um tem o seu papel na relação e sabe lidar bem com isso, sem tantas cobranças. Crescemos cercados por uma atmosfera criativa. Havia, claro, tensão em vários momentos, crises, brigas, problemas no trabalho. Mas nada disso foi marcante ou prejudicou a sensação de que existe uma harmonia e uma relação de amor entre eles. E entre nós quatro."

Alto, Antonio e João em Curaçao, em 1996

antonio

Nascido em 1991, cineasta, sócio da Ziggy filmes, vive no apartamento do Arpoador com os pais. Apelidos: Tutu e Tuca

Antonio pensou em cursar Medicina, inspirado pelo seriado americano *House*, que via sem parar na televisão. Pensou também em ser biólogo, influenciado por documentários do Discovery. O padrinho, Marcelo Neri, irmão de Bob, deu força para Economia. Resultado, na hora H, ele ficou na dúvida entre quatro diferentes carreiras: Arquitetura, Engenharia Ambiental, Biologia e Economia. Bel sugeria, de mansinho, "se não sabe o que fazer, que tal cinema? Acho que tem a ver com você, porque você escreve bem e seus desenhos parecem storyboards." Antonio passou para Arquitetura, na Pontifícia Universidade

Antonio em 1999

Católica do Rio de Janeiro (PUC-Rio), mas sofreu em seguida um acidente andando de skate, na descida do Túnel Rebouças, em 2008. Hospitalizado com algumas vértebras quebradas, não conseguiu fazer outras provas de vestibular. Começou a faculdade, mas, desanimado e com dores, penava para fazer os trabalhos das matérias práticas.

Ninguém aguentava o processo sofrido do Antonio para fazer Arquitetura. Até que, enfim, ele resolveu trancar a faculdade. Seu interesse por documentários sobre natureza, os filmes que viu durante a recuperação e o desejo por um trabalho mais dinâmico culminaram na decisão de mudança de carreira. "E adivinha no que deu? Cinema, que é totalmente a praia dele. Hoje, ele está formado, trabalhando em vários projetos e me roteirizando no programa novo que estou gravando", conta Bel.

Divertido e de bem com a vida, Antonio sabe, e gosta de contar histórias. Como a que se tornou lendária, do amigo do amigo que chegou em sua casa no meio de uma festinha, meio bêbado e com um sotaque pernambucano carregado. Logo que abriu a porta, ele foi falando "rapaz, parece que estou entrando em uma loja da Richards!" Acertou na mosca. O olhar dos dois espaços tinha, sim, a mesma assinatura.

"Meu pai é um esteta por natureza. Coleciona objetos bacanas, faz com que os ambientes tenham personalidade. Tudo conversa com tudo. Crescemos assim, cercados por coisas interessantes por todos os lados. Adorávamos assistir juntos *Austin Powers*, *Monty Python*... Acho que, com ele, aprendi a ter um senso de humor apurado, na veia", observa o caçula.

Alto, João e Antonio em Tóquio, em 2011

"Meu pai é um esteta por natureza. Coleciona objetos bacanas, faz com que os ambientes tenham personalidade. Tudo conversa com tudo. Crescemos assim, cercados por coisas interessantes por todos os lados." Antonio

E acrescenta: "Muito bom conviver com duas pessoas que vão à luta pelo que gostam e acreditam. Há algo de forte e saudável no ar lá de casa", conta Antonio.

Da mãe, Antonio herdou a atenção para um universo que existe além dos cinco sentidos. Percebe que ela tem uma intuição à flor da pele que é sua guia nas escolhas da vida, além de ser forte e decidida. Nem Antonio, nem João precisaram esconder segredos dos pais. Ao contrário. Ambos entendem que cresceram cercados por um clima de total liberdade, com muita confiança, respeito e admiração. Bel e Bob foram e são pais jovens, que conviveram e curtiram os filhos. Hoje, estabeleceram uma relação de amizade que alimenta a família. Os pontos em comum são muitos: todos amam gatos e cachorros, plantas, vista verde na janela e a famosa receita de ragu da família Neri.

Acima, os ninjas, aos 4 e 7 anos

Ragu dos Neri

***** Receita dos antepassados italianos, executada com maestria por Bob, melhorada por João, com outros cortes de carne, e por Antonio, vegetariano, que trocou a carne por legumes e cogumelos***

Ingredientes
700g de patinho em cubos
700g de músculo em cubos
2 cebolas grandes picadas
6 dentes de alho inteiros
3 folhas de louro
6 latas de tomate pelado
3 latas de extrato de tomate
1/2 garrafa de vinho tinto seco
1 molho de manjericão fresco
1 molho de orégano fresco
1/2 xícara de passas pretas
Sal, pimenta-do-reino, azeite

Em uma panela grande, refogue em azeite de oliva as cebolas, o louro, os dentes de alho inteiros, o sal, a pimenta e, em seguida, adicione as carnes picadas, dando uma selada. Depois adicionar as latas de tomate pelado e o extrato. Em seguida, encha de água filtrada cada lata usada e as adicione à receita. Ao ferver, abaixe o fogo e tampe, mexendo de vez em quando. Umas quatro horas depois, com uma colher de pau, "amasse" as carnes contra o fundo da panela, uma vez que já estarão se desfazendo. O molho estará "aflorando" uns veios vermelho escuros, corrija o sal e adicione as passas. Logo em seguida, desligue o fogo e adicione o vinho, o manjericão e o orégano picados. Deixe descansar tampado por um tempo, para que absorva o sabor, e quando for servir com a massa leve à fervura.

Alternativas:
*Adicione 1 lata pequena de aliche, no meio do caminho (2 horas após a fervura)
*Substitua as carnes usadas por: costela suína defumada, linguiça suína defumada e filé mignon, totalizando 1,4 kg de carne, na proporção que desejar. Nesse caso, o molho levará de 2,5 a 3 horas cozinhando.

Serve uma família média faminta.

"Eu e João brigávamos pouco. Ele é carinhoso, mas tem um gênio forte. Quando resolveu começar a obra no apartamento em que morava, em Santa Teresa, voltou a viver conosco na casa do Horto e fui despejado do quarto. Fiquei chateado, mas quando voltei à noite e entrei no meu novo espaço, o anexo no jardim onde antes era a sala de TV, vi que minha mãe tinha dado um jeito daqueles no lugar. Fez um *Decora*, em 8 horas, para mim", lembra Antonio.

O *Decora*, por sinal, foi um marco na história do escritório e da família. Foi no fim de 2010, lotada de projetos e com uma rotina agitada, que Bel recebeu o convite do canal de assinatura GNT para fazer um teste – procuravam alguém para apresentar um programa de decoração. Soube que o roteirista, Alexandre Machado, amigo da época do Coro Come, foi quem havia sugerido o seu nome. A proposta chegou no momento certo: ansiando por novos desafios, ela havia decidido que diria sim para tudo que parecesse divertido. Fez o teste e passou. Na véspera da primeira gravação, chegou um roteiro com a seguinte frase: "Pelos poderes da decoração!" Quando leu aquilo, Bel gelou. Não era ela e não saberia ser outra pessoa. Chegou a sugerir um nome para o seu lugar. Não toparam. Sobreviveu e, aos poucos, foi conquistando autonomia, se sentindo à vontade para falar o que quisesse, do jeito que quisesse,

além de admitir sem constrangimento, no ar, quando alguma coisa dava errado. O *Decora* ganhou, assim, sua assinatura e leveza.

Ancorado por Bel, o programa fez sucesso imediatamente. Ela tinha empatia e carisma, e a experiência em projetar lojas lhe trouxe agilidade e o olhar treinado para desenvolver rapidamente ideias que refletissem a identidade de cada cliente. Percebia, intuitivamente, como mexer no ambiente para torná-lo mais interessante e funcional. Virou uma celebridade, reconhecida na rua, parada na feira para dar autógrafos e convidada para dar palestras em todo o país. Mas sempre inquieta e em busca de novidades, depois de sete temporadas, resolveu sair, com vontade de dar mais atenção para o escritório. No verão de 2015, voltou às telas do GNT com o programa *Lá fora*, onde transformava áreas comuns de espaços coletivos. Adorou a experiência.

Agora, depois de uma pausa de quatro anos fora do ar, Bel está investindo em um novo programa para TV, mais solto, a partir de viagens pelo Brasil e com a proposta de transformar diferentes espaços, usando a cultura e a mão de obra locais. A série, que já tem título, *Quem mandou me convidar?*, aposta em um conceito colaborativo e traz a ideia de criar, a partir de um simples convite, uma rede de troca de conhecimentos,

Ancorado por Bel, o programa fez sucesso imediatamente. Ela tinha empatia e carisma, e a experiência em projetar lojas lhe trouxe agilidade e o olhar treinado para desenvolver rapidamente ideias que refletissem a identidade de cada cliente.

À esq., Ivonesyo Ramos documentando um piquenique em episódio do programa *Lá Fora*

Acima, gravação do *Lá Fora*, Paquetá, Rio de Janeiro

Agora, depois de uma pausa de quatro anos fora do ar, Bel está investindo em um novo programa para TV - *Quem mandou me convidar?* - mais solto, a partir de viagens pelo Brasil e com a proposta de transformar diferentes espaços, usando a cultura e a mão de obra locais.

serviços e histórias. Dessa vez, ela espera deixar, em cada "parada", uma mudança significativa, que vá muito além de uma simples reforma. E o assistente de direção e roteirista é Antonio Neri.

"Está sendo uma experiência incrível fazer esse projeto com ela. Temos uma linguagem afinada e sinto muita admiração pelo jeito que conduz tudo e todos. Durante o *Decora*, podia ter se encantado com a fama que conquistou, mas nada disso. Continuou a mesma de sempre, simples e carinhosa", diz Antonio, que admite ter um jeito mais extrovertido e falante, parecido com o da mãe. E uma curiosidade nata, típica de quem gosta de gente e se interessa por tudo que está em volta. Anda pensando em sair de casa em breve, viver com a namorada, a cineasta Caroline Lopez, com quem divide o comando da Ziggy Filmes. Porém não tem pressa: morar com Bel e Bob tem suas vantagens. E é um grande prazer.

Alto, Bel no *Lá Fora*, em Paquetá, Rio de Janeiro

À dir., projeto de quarto de bebê para o *Decora*

b
e
b
o.

"Tem lugar que você entra e está pronto. Não precisa deixar sua marca, sua assinatura. O importante é perceber isso, como aconteceu na casa do Cosme Velho, que foi nosso lar e hoje é a sede da be.bo. Pintei, limpei, dei beijinho e entrei." Bel

"Nosso papel, como arquiteto, é traduzir o outro, os seus desejos e senso estético. Sem deixar aparente a nossa assinatura. A marca registrada da be.bo. é, justamente, não ter uma marca registrada." Bob

be.bo.

No final de 2010, cinco anos após a entrada de Bob na sociedade, um novo ciclo de transformações agitou a casa do Cosme Velho. Bel convocou, animada, toda a equipe para participar de um concurso de arquitetura, cujo edital havia sido divulgado recentemente. Pensou que seria um bom desafio fazer um projeto totalmente diferente, um hotel nas Paineiras, envolvendo outra escala e questões, já que vinham, há algum tempo, desenvolvendo quase exclusivamente projetos de lojas. Aos poucos, no entanto, a maioria do grupo foi esquivando-se da participação, que era voluntária. Desapontada, Bel

À esq., casinhas da be.bo.: brinde de final de ano

Alto, Bel e Bob no escritório

Espaços lugares
abertos fechados
públicos privados
grandes pequenos
contidos espalhados
bacanas banais
alegres tranquilos
estimulantes eficientes
acolhedores agregadores
integrados lindos amorosos
verdes azuis amarelos
ontem hoje sempre
aqui ali acolá.
bebo (e potência)...
parcerias potencializam.
todos pelo todo. viva!
(trecho do manifesto da
criação da be.bo.)

constatou a falta de entusiasmo dos colegas. Aquela situação desencadeou uma profunda reflexão e transformação no modo de gerir o escritório.

"Vi que não me identificava com o ambiente de trabalho que havia construído. Eu, que nunca havia gostado de zona de conforto, havia criado uma, onde as pessoas, ainda que extremamente talentosas, estavam se acomodando", lembra Bel.

Ela decidiu tirar férias prolongadas – finalmente a "licença-maternidade", brinca. E foi estudar inglês em Londres junto com Antonio e visitar João, que fazia um intercâmbio da faculdade em Barcelona. O período foi essencial para organizar as ideias e pensar no que fazer em seguida. Na volta, trouxe a vontade de transformar o escritório Bel Lobo e Bob Neri Arquitetos no coletivo be.bo. Uma estrutura horizontal e mais participativa, onde o trabalho fluísse com naturalidade e as responsabilidades fossem melhor divididas.

A ocasião foi marcada como um recomeço, e a mensagem da nova

À esq., a subida para o terceiro piso: o "QG" de Bel e Bob

Acima, a equipe da be.bo. em 2013

proposta foi enviada a todos os clientes e fornecedores, junto com um brinde de fim de ano e o convite para uma festa onde iriam celebrar a mudança. Na entrada da comemoração, um grande painel formava um caça-palavras onde o manifesto se misturava aos nomes de cada um da equipe e de alguns clientes. A nova atitude e maior comprometimento vieram aos poucos, segundo Bob. Foram montadas equipes menores, para que o trabalho fosse descentralizado, e um sistema de divisão de lucros, revisto. Algum tempo depois, o escritório apoiou a participação dos coordenadores em um curso de gestão, na Fundação Getúlio Vargas, na busca por ideias e iniciativas que simplificassem e otimizassem os processos internos. Nessa mesma época, grupos temporários se juntaram para realizar atividades paralelas, como desenvolver projetos sem fins lucrativos, organizar eventos e providenciar melhorias necessárias nas instalações da casa.

Nesse período de grandes mudanças, se tornou rotina uma iniciativa pela

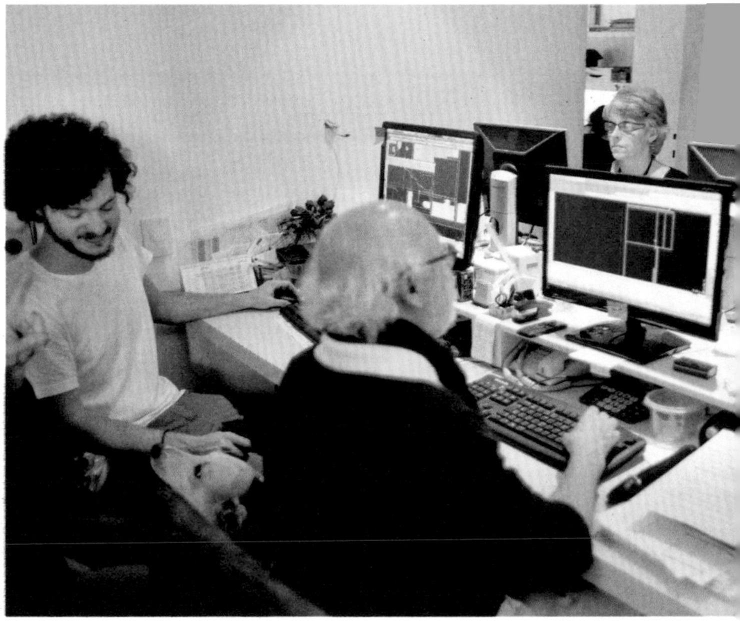

qual Bel e Bob têm grande carinho: o "L.I.C. be.bo.", uma homenagem ao Laboratório de Ideias Conceituais criado pelo arquiteto Sérgio Bernardes, na década de 1970. A ideia era juntar, periodicamente, equipe, amigos e convidados para palestras e debates descontraídos, sobre temas variados, no terceiro andar, o *open space*, da casa do Cosme Velho. A última série de encontros, realizados em 2017, envolveu clientes que contaram, com detalhes saborosos, a história dessa parceria. O primeiro foi Ricardo Ferreira, da Richards; em seguida, Rui Campos e Roberto Guedes, da Livraria da Travessa. Os papos, sempre descontraídos e divertidos, foram recheados por bastidores desses projetos de sucesso.

Quem ocupa também o terceiro piso da be.bo. hoje é o acervo da m.o.o.c. (móveis objetos e outras coisas), que nasceu principalmente da vontade de Bel e Mariana Travassos, coordenadora do escritório e designer do time, de colocar algumas das peças, criadas

A equipe da be.bo. em ação

para clientes e para o *Decora*, à venda. A iniciativa, uma sociedade de Mariana e João Neri, conta com o entusiasmo e parceria de Bel e Bob. Em 2012, Bel visitou a antiga Fábrica Bhering, localizada no bairro do Santo Cristo, e levou para o be.bo. a ideia de montar ali um lugar onde pudessem desenvolver e vender esses móveis. A Bhering havia se tornado um polo de criação e convivência para artistas, designers e artesãos. Um amplo espaço térreo, de 300 m², com pé-direito alto e atmosfera industrial, pareceu o local perfeito para a nova empreitada.

A m.o.o.c. funcionou na Bhering de 2014 a 2016, vendendo moveis e objetos vintage, provenientes dos acervos de Bel e Bob, assim como mobiliário autoral. Desenvolveu ainda produtos exclusivos, em parceria com várias marcas, como a Tok Stok (linha "Vira e mexe"), projetos residenciais, corporativos e efêmeros, já que a be.bo. focava exclusivamente nos comerciais. Logo perceberam que se aventurar no

Bel no galpão da m.o.o.c., na Fábrica Bhering

CORRENTE

varejo não seria nada fácil e que não conseguiriam viabilizar financeiramente o negócio a longo prazo. "Mais do que uma loja, queríamos ser uma fábrica de desejos, um bazar de descobertas", lembra, já nostálgica, Mariana Travassos. A decisão, tomada em conjunto, foi voltar a focar no que faziam de melhor: projetar. A m.o.o.c. voltou para a casa do Cosme Velho e continua viva, mas sem tanto investimento.

Mariana, por sinal, é peça-chave na be.bo. Trabalhou com Bob na Richards por cinco anos e, com ele, desenvolveu a linha Home da marca. Fizeram almofadas infláveis com capa de tecido de bermuda de surf, cestas de piquenique, barracas de praia e velas. O lançamento não fez o sucesso esperado, mas ela percebeu que tinha vocação para criar produtos descolados, irreverentes.

"A Home foi o embrião da m.o.o.c. Nos divertimos muito no processo, montamos uma Casa Richards no escritório, para o Ricardo ver como ficaria. Depois, quando o Bob saiu da empresa,

eu fiquei um tempinho ainda por lá. Logo depois, Bel e Bob me ligaram convidando para vir para o escritório. Nessa época, em 2006, o mercado estava aquecido, o Shopping Leblon prestes a abrir, e fazíamos mais de quinze lojas lá: Livraria da Travessa, Shop 126, Salinas, Elle et Lui, Beth Chocolates... Uma loucura", lembra Mariana.

Depois de quase vinte anos trabalhando juntos, Mariana não economiza elogios e tem plena confiança na parceria. Garante que aprendeu tudo com o casal de amigos. Com total autonomia, cuida de vários clientes e é expert na finalização dos projetos, em dar o molho, o arremate final. Diz que é a mais estressada dos três e ainda precisa

À esq., produtos com design m.o.o.c.

À dir., dois momentos na Fábrica Bhering: 2013 e 2015

"Existe aqui uma forma muito especial e amorosa de liderar. Bel sabe fazer isso como ninguém, ela cobra com carinho. E Bob está sempre por trás, dando suporte. A chave de sucesso de qualquer negócio, a meu ver, é justamente a liderança, quem dá o formato."
Mariana Travassos

aprender a caminhar, no dia a dia, com a mesma leveza com que Bel e Bob conduzem o escritório.

"Existe aqui uma forma muito especial e amorosa de liderar. Bel sabe fazer isso como ninguém, ela cobra com carinho. E Bob está sempre por trás, dando suporte. A chave de sucesso de qualquer negócio, a meu ver, é justamente a liderança, quem dá o formato. O Ricardo tinha esse papel na Richards. E eles são assim, aqui na be.bo." conclui Mariana.

Hoje, o escritório funciona de forma mais enxuta, com dezesseis profissionais, além de Bel e Bob. Já foram quase cinquenta pessoas, mas o estilo de trabalho mudou: grande parte dos projetos é desenvolvida com parceiros de fora, "ex-be.bo.s" que seguiram carreira solo, mas estão sempre por perto. Não é para menos: a casa do Cosme Velho, garantem, tem ímã.

Alto à esq., montagem do cenário para o catálogo da Tok Stok, em 2014

À. esq. e acima, estudos 3D para mobiliário da linha "Vira e mexe" da Tok Stok

Página seguinte, Bel na Fábrica Bhering

Time-lapse da linha *Vira e mexe* para Tok Stok

STEEL DESIGN
LOFTS
The Iconic Interior

ela
REVISTA
capi

3 4 5 6 7 8

São quase 4 mil projetos, paisagens e viagens incríveis pelo mundo, além de uma coleção de amigos. Tudo junto e misturado aqui, em imagens espontâneas, clicadas por Bel e Bob nesses trinta anos de estrada.

TAMANHOS DIFERENTES
GAVETEIRO
BELA
melissa